LE

BIEN PUBLIC

POUR LE

FAIT DE LA JUSTICE

PAR

RENÉ FAURE

Seigneur de la Valbonne & Villaret, &c., Baron d'Aiguebellette,
Conseiller d'Etat de S. A. R., Sénateur au Souverain Sénat de Savoie,
& Président du Conseil de Genevois.

Précédé d'une étude biographique sur l'Auteur & son époque

PAR

HUMBERT FERRAND

Avocat, Officier de l'Ordre des SS.-Maurice & Lazare,
de l'Académie des Sciences de Turin.

LYON

N. SCHEURING, LIBRAIRE-ÉDITEUR,

M D CCC LXVII

LE BIEN PUBLIC

Tiré à petit nombre.

LYON

IMPRIMERIE LOUIS PERRIN

LE

BIEN PUBLIC

POUR LE

FAIT DE LA JUSTICE

PAR

RENÉ FAVRE

Seigneur de la Valbonne & Villaret, &c., Baron d'Aiguebelette,
Confeiller d'Etat de S. A. R., Sénateur au Souverain Sénat de Savoie,
& Préfident du Confeil de Genevois.

Précédé d'une étude biographique fur l'Auteur & fon époque

PAR

HUMBERT FERRAND

Avocat, Officier de l'Ordre des SS.-Maurice & Lazare,
de l'Académie des Sciences de Turin.

LYON

N. SCHEURING, LIBRAIRE-ÉDITEUR,

M D CCC LXVII

A SON EXCELLENCE

Le Comte LOUIS CIBRARIO, Sénateur du Royaume d'Italie, ancien Miniſtre des Finances, de l'Inſtruction publique & des Affaires étrangères, Premier Préſident Honoraire de Cour Royale, Miniſtre d'Etat, Premier Secrétaire du Roi pour la Grande Maîtriſe de l'Ordre des SS. Maurice & Lazare, Correſpondant de l'Inſtitut de France, &c., &c.

MON CHER AMI,

René Favre vit les plus déplorables paſſions s'acharner à l'anéantiſſement de ſon livre, & ſe faire d'avance les complices *de l'oubli ſéculaire qui devait nous le diſputer.*

Du haut du ſiége du miniſtère public où vos fonctions vous appelaient à faire entendre la voix de la juſtice dans l'un de ſes plus auguſtes ſanctuaires, le premier vous avez vengé le magiſtrat méconnu, & proteſté contre l'iniquité d'un autre âge, en révélant aux hommages de l'équitable poſtérité l'œuvre que je viens aujourd'hui offrir au public.

Permettez-moi, mon cher ami, de placer votre nom à côté de celui de René Favre, à la tête d'un livre qui fait ſa gloire & qui vous doit de revivre; vos noms ſeront déſormais inſéparables; en les rapprochant ici, j'ai voulu les honorer tous les deux.

Daignez, mon cher ami, agréer l'hommage de mon reſpectueux & profond dévouement.

HUMBERT FERRAND.

Conzieux, le 1er octobre 1867.

SANITAS
MENTIS
FIDES
B
D

PRÉFACE.

L'*ŒUVRE de René Favre que nous reproduiſons aujourd'hui eſt depuis longtemps devenue preſque introuvable. Ce petit livre, qu'un digne ſucceſſeur de ſaint François de Sales à l'évêché de Genève, Charles-Auguſte, ſon neveu, ſouhaitait* voir ſe débiter à millions de copies & devenir un manuel pour tous les princes, gouverneurs & officiers de juſtice, — *que le Sénat de Chambéry fut tenté de condamner au feu & dont il pourſuivit ſans merci l'anéantiſſement, — n'eſt tout au plus connu que par tra-*

dition; à peine en connaît-on le titre. Le marquis Léon Costa de Beauregard, — nom si justement cher à la Savoie, — dont le patriotisme infatigable avait réuni dans une bibliothèque nationale *tout ce qui touchait à l'histoire de son pays, écrivait, au sujet du petit livre de Favre, « que non-seulement il ne le possédait pas, mais qu'il ne l'avait même jamais eu entre les mains, & que, malgré ses recherches, il n'avait pu parvenir à le rencontrer. »*

L'histoire du Bien public pour le fait de la justice *& des persécutions dont son auteur fut l'objet, explique l'insigne rareté de ce volume, perdu dans le long oubli d'un siècle & demi.*

Au commencement de l'année judiciaire 1842-1843, *M. le Comte Cibrario, chargé de prononcer le discours de rentrée à la Cour des Comptes de Turin, fit, le premier, connaître l'œuvre de Favre à notre siècle dans un discours intitulé :* DELLA GIUSTIZIA UMANA, e dello studio esteriore ed interiore necessario a bene amministrarla.

Ce discours, dont s'enrichirent d'abord les Annali di giurisprudenza, *fut réimprimé en* 1856 *dans un volume* d'Operette *du même auteur faisant partie de la Bibliothèque nationale* (Biblioteca nazionale), *publiée à Florence par Félix Le Monnier.*

Nous croyons devoir reproduire ici les lignes suivantes adressées à son éditeur par M. Cibrario & qui se lisent à la tête du volume qui contient son discours :

« *Permettez-moi d'appeler un instant votre attention « & celle du public sur un des travaux que je vous offre « ici, lequel, sans importance apparente, en a beaucoup « par le grand fait qu'il révèle, à savoir : que, cent « quarante-trois ans avant la Révolution française, un « magistrat, appartenant à la Savoie, dans un livre « imprimé à Annecy & dédié à Madame Royale Marie « Christine, sollicitait avec instance relativement aux « hypothèques ; — à la suppression des fidéicommis « conjecturaux, à la réduction de tous les autres ; — à « l'abolition de plusieurs cas de nullité dans les con- « trats ; — aux garanties des créditeurs ; — à la matière « si importante des dots ; — à l'ordre & à la forme des « jugements, de la votation, des sentences, & à la néces- « sité d'accompagner ces dernières des motifs qui les « ont déterminées ; — sollicitait, dis-je, la plus grande « partie des réformes que n'amenèrent que lentement, « dans le siècle suivant, ou la sagesse des princes, ou « l'esprit de justice, ou le progrès des mœurs publiques, « effet de ce grand mouvement des peuples qui épou- « vanta & éclaira l'univers.*

« *L'homme dont le regard pénétrait si avant dans les « besoins sociaux, alors que ne s'était pas encore écoulée « la première moitié du XVIIe siècle, fut René Favre, « fils de l'immortel jurisconsulte Antoine ; René Favre, « qui, s'il n'avait pas la vaste & profonde doctrine de « son père, était doué d'une initiative plus puissante & « reçut les inspirations de ce grand esprit qui fut saint*

« *François de Sales, ſon ami intime & avec lequel il*
« *fut l'un des fondateurs de l'Académie florimontane.*
« *Le livre dans lequel René Favre ſe fit l'apôtre*
« *de ces ſaintes & généreuſes doctrines eſt intitulé :*
« Le Bien public pour le fait de la juſtice. —
« *Annecy*, 1646. »

RENÉ FAVRE

DE LA VALBONNE.

LA famille Favre de Péroges se distinguait en Bresse, dès le XIVe siècle, par le double éclat qui accompagne le mérite joint à la naissance.

Le président Antoine Favre (1) ne recueillit à son tour que pour l'accroître l'héritage de talents, de

(1) Né à Bourg le 4 octobre 1557.

vertus & de considération publique que ses ancêtres s'étaient transmis intacts depuis des siècles (1).

Fils de Philibert Favre, qui exerçait avec distinction, à Bourg, les fonctions du ministère public, & de Bonne de Châtillon, illustre & sainte femme (2),

(1) Antoine Favre, premier du nom, fut, en 1395, secrétaire de Bonne de Bourbon, comtesse de Savoie. Guyonnet, son fils, fut procureur-général en Piémont & en Bresse sous les ducs Amédée VIII & Louis. Gaspard, issu de Guyonnet, fut aussi lieutenant-général en Bresse. En 1496, le duc Philippe de Savoie accorda à Antoine Favre, bisaïeul du président, des lettres patentes par lesquelles il le créa son conseiller spécial & ordinaire. Le 14 mai 1500, le duc Philibert de Savoie promut Antoine Favre à la charge de lieutenant-général du bailliage de Bresse. Il déclara qu'il lui conférait cet office pour tâcher de récompenser de quelque manière ses vertus, sa fidélité & les services qu'il avait rendus. Benoît Favre, fils du précédent, succéda à la charge de lieutenant-général, qui lui fut attribuée par lettres patentes du 8 mars 1527, octroyées par Marguerite d'Autriche, duchesse de Savoie. Benoît Favre donna le jour à Philibert, qui ne dévia pas de la carrière de ses pères & qui fut revêtu de l'emploi d'avocat fiscal en Bresse par lettres patentes du 15 octobre 1571. Ce Philibert Favre, père du président, eut encore trois autres fils, Jean-François, Antoine & Jean-Antoine, qui, moins célèbres que le président, furent cependant dignes du nom qu'ils portaient. Les registres du Sénat de Savoie ont conservé la preuve authentique de cette filiation dans un acte de notoriété du 13 juillet 1767, au rapport du seigneur Carron de Briançon. — V. aussi Guichenon, *Histoire de Bresse*, IIIe part., page 160. — Eloge historique d'Antoine Favre, PREMIER PRÉSIDENT DU SÉNAT DE SAVOIE, par le sénateur Avet. Chambéry, chez Routin, Bottero & Alessio, 1824.

(2) Voici comment Taisand, *Vie des plus célèbres jurisconsultes*, page 188, s'exprime au sujet de la mère de Favre : « Bonne de Châtillon étoit alliée aux plus grandes familles de la Bresse, de

il avait épousé, en premières noces, Benoîte Favre, dame de Vaugelas, dont il eut sept fils & quatre filles, & qui mourut en 1605.

Cinq fils & une fille survécurent à Antoine Favre.

L'aîné, dont nous aurons à nous occuper, s'appela René; il fut conseiller d'Etat, sénateur & président au Conseil de Genevois. On l'appelait M. de la Valbonne, nom que le testament de son père l'avait autorisé à porter, bien que la Valbonne eût été placée dans le lot d'un de ses frères.

Claude, le second de ses fils, gentilhomme ordinaire de la maison du Roi & chambellan de M. le duc d'Orléans, s'est rendu célèbre sous le nom de Vaugelas, & passa sa vie à codifier la langue française comme son père passa la sienne à codifier le droit. « Le *Codex fabrianus* & le *Dictionnaire de la langue française*, à la composition duquel Vaugelas prit une part si importante, sont, dit un éloquent magistrat, deux codes nés de la même passion pour l'ordre (1). » C'est de Vaugelas, selon Thomas Corneille, *que date la politesse de notre langue.*

Savoie & de la Bourgogne, entre autres à la maison de Tendes, de Ventimille, des ducs de Pont-de-Vaux. Elle avoit même l'honneur d'appartenir à des princes; mais elle fut surtout distinguée par l'éclat de ses vertus. »

(1) Discours de M. Maurel, premier avocat-général à la Cour impériale de Chambéry, Audience solennelle du 3 novembre 1863. — *Du concours de la Savoie aux progrès de la langue française. Travaux de Vaugelas.* — Jusqu'à ce jour, les historiens ou biographes ont été dans le plus complet

Un troisième fils, appelé Antoine, fut doyen de la sainte chapelle à Chambéry & abbé d'Entremont & d'Allonde; homme d'une charité éminente, « qui fut moins, dit Taisand, le premier du chapitre, par sa dignité de doyen, que par la distinction & la prééminence de ses vertus. »

Le quatrième, nommé Philibert, était seigneur de Félicias & de Bracoran; il fut d'abord juge-maje du duché de Chablais, & successivement sénateur à Chambéry.

Enfin, Jean-Claude, seigneur des Charmettes & le cinquième des fils de Favre, fut chevalier d'honneur au Sénat de Savoie & gentilhomme de Madame Royale.

Le dernier des enfants d'Antoine Favre fut la célèbre Marie-Jacqueline Favre, que Mme de Chantal aimait à appeler *sa grande fille*, en se servant d'un mot de saint François de Sales, & dont le nom brille d'un si saint éclat parmi les premières Mères de l'ordre de la Visitation.

En ce temps-là, le sanctuaire de la famille ne voyait pas la sagesse de l'homme, se substituant à celle de Dieu, y mesurer avec une coupable parci-

désaccord au sujet du lieu de naissance de Claude Favre de Vaugelas. Ce point historique a été heureusement & irrévocablement éclairci, grâce aux recherches de M. l'abbé Blanchon, curé de Mollon. Le célèbre grammairien est né à Meximieux en janvier 1585. Voir à ce sujet un intéressant article du *Journal de l'Ain*, du 25 mars 1857, signé C. M.

monie les droits à l'existence; & la vie humaine, multipliée sous le toit domestique à l'honneur de la paternité féconde, était acceptée comme la plus grande bénédiction du ciel & comme la meilleure richesse de la terre. Parmi les créations merveilleuses de la sagesse divine, dit un éloquent économiste chrétien (1), il n'en est pas de plus admirable que le spectacle d'une famille formée, élevée, unie par la loi du devoir, où se traduisent en faits ces grands sentiments de foi, de vertu, d'honneur, de sacrifice, toutes ces saintes & fécondes choses qui sont au développement des nations & à l'épanouissement des races ce qu'est la sève au développement des arbres & à l'épanouissement des fleurs. Aussi ce mâle seizième siècle, où l'institution de la famille fut la plus respectée & la plus puissante des institutions, fut-il en même temps l'époque des fortes races. Les hommes de cet âge nous montrent en eux quelque chose de bien autrement viril & de bien autrement grand que nos générations modernes. On se retrempe & on s'élève dans leur commerce, & l'on trouve surtout en eux ces leçons de conduite qui manquent à notre temps, parce que les caractères lui manquent.

La famille Favre fut un admirable exemplaire de ces familles, qui n'existent plus aujourd'hui que dans

(1) Le P. Félix.

l'hiſtoire; familles aſſiſes dans la vérité, ſelon l'heureuſe expreſſion de M. Couſin, gouvernées par l'amour, le reſpect & l'obéiſſance, & au foyer deſquelles ſe cachaient les ſources pures de la vie vraiment ſociale.

Nous venons de faire connaître les membres de cette famille bénie, & nous avons vu que René fut l'aîné des enfants qu'Antoine Favre eut de Benoîte Favre, ſa première femme. Il eſt difficile de préciſer l'époque de ſa naiſſance. Saint François de Sales, dans une lettre reproduite plus loin & datée de 1620, lui donnait trente-huit ans, d'où l'on pourrait fixer l'époque de ſa naiſſance à l'année 1582.

René grandit ſous les yeux de ſon père, qui voulut préſider lui-même à l'éducation de ſes enfants, & c'eſt principalement pour leur inſtruction qu'il compoſa ſon livre intitulé : *Faber inſtitutor.* « Il avoit cinq fils & un neveu, liſons-nous dans Taiſand (1), pour l'inſtruction deſquels il avoit réglé les principes & les préceptes des ſciences qui leur convenoient à chacun; & tous les jours, de grand matin, il leur expliquoit ce qu'ils n'auroient pu entendre d'eux-mêmes, ni ſans le ſecours qu'il leur donnoit; car il travailloit beaucoup plus, diſoit-il, à leur acquérir des richeſſes immortelles qu'à leur acquérir des biens périſſables & de peu de durée. »

(1) Taiſand, *Vie des plus célèbres juriſconſultes*, p. 202.

La ſcience du maître égalait en lui la tendreſſe du père; on aimera à en juger.

Antoine Favre fut élevé chez les Jéſuites, à Paris, & ce fut ſous leur direction que, s'habituant à tout approfondir, il obtint les ſuccès précurſeurs de ſa renommée & étonna ſes profeſſeurs eux-mêmes.

Dirigé par un goût moins pur, par une critique moins éclairée, l'enſeignement n'était pas auſſi complet qu'il l'eſt aujourd'hui; mais le travail alors n'effrayait pas, on l'aimait au lieu de le craindre, & l'on profeſſait avec ferveur le culte de la ſcience & de l'antiquité. Le jeune Favre s'était familiariſé à ce point avec les langues latine & grecque, que le ſavant prélat Anaſtaſio Germonio rapporte l'avoir vu, au ſortir de ſes leçons de droit, les rédiger ſans la moindre peine en latin &, immédiatement après, les dicter en grec avec la même facilité. Il conſacrait chaque jour quatorze heures au travail, &, deux jours par ſemaine, il employait ſeize heures à quelques études particulières qui étaient comme le délaſſement de ſes travaux ordinaires. C'eſt ainſi qu'il ſut profiter de tous les moyens d'inſtruction réunis alors à Paris, devenu le centre de cette reſtauration des lettres qui préparait déjà le grand ſiècle de Louis XIV. Et quand l'étude des lois l'appela à Turin, dont l'Univerſité était l'une des plus célèbres de l'Europe, & où profeſſait le ſavant Alde Manuzio, il fut à peine initié à la juriſprudence romaine, que ſa pénétration fixa ſur lui tous les yeux & que les maîtres de la ſcience n'héſitèrent pas à annoncer ce qu'il ſerait un jour.

Plein de la lecture des anciens, Antoine Favre excellait dans la poéſie latine, dont il communiqua le goût à ſes enfants. Il nous a laiſſé, en outre, une tragédie françaiſe : *les Gordien & les Maximin*, où l'on retrouve la forme des tragédies grecques, & qui, bien que ſe reſſentant de l'enfance de l'art, n'eſt pas ſans quelques beautés réelles. On lui doit auſſi des ſtances morales publiées avec les quatrains de Pibrac. Il fut l'éditeur des épîtres d'Honoré d'Urfé. Cet auteur, dont on a dit que l'*Aſtrée* fut pendant cinquante ans *la folie de l'Europe*, eut avec Antoine Favre des liaiſons intimes fondées ſur l'amour des lettres. A cet amour qui fut le charme de ſa vie, à cet incomparable ſavoir du droit qui le plaça à la tête des juriſconſultes de l'Europe, il joignait de profondes connaiſſances en théologie, n'admettant pas que la ſcience de Dieu pût jamais être inutile à un magiſtrat chrétien. Par-deſſus toutes ces ſciences, il poſſédait le génie du bien, & par ce génie il arrivait naturellement à la grandeur dans la parole & l'action. Ami de ſaint François de Sales, il en avait les vertus, & ce grand ſaint nous dit de lui « que c'étoit l'une des plus riches âmes & des mieux faites que ſon ſiècle ait portées, & que, par une rare merveille, il ſavoit extrêmement bien aſſortir l'exquiſe dévotion dont il étoit animé avec la ſingulière vigilance qu'il avoit aux affaires publiques (1). »

Tel fut le maître ſous lequel René, en ſe formant à la ſcience, ſe forma en même temps à l'amour du vrai, à la ſainteté des mœurs, à l'éloignement du luxe, à cette virilité qui dompte la volupté & ſe refuſe à tout ce qui peut énerver l'âme.

René ne paſſa pas ſeulement auprès de ſon père le temps que celui-ci paſſa lui-même à Annecy; Antoine Favre nous apprend que ce fils l'accompagna dans tous ſes voyages, ſoit à Rome, ſoit à Paris; par là s'établit entre eux une intimité toute particulière, dans laquelle ſe confondirent leurs deux exiſtences. Ce n'eſt donc que dans la vie du père qu'il nous ſera poſſible de retrouver celle du fils, & ce n'eſt qu'en retraçant la première que nous verrons apparaître celle qui en fut l'empreinte.

C'eſt ce que nous allons tenter.

Antoine Favre n'avait pas encore atteint l'âge requis pour arriver aux emplois ſupérieurs de l'ordre judiciaire, que Charles-Emmanuel Ier, à qui le ſignalaient d'éclatants ſuccès au barreau, l'élevait, par une dérogation ſpéciale, aux fonctions importantes de juge-maje de la Breſſe & du Bugey (2).

(1) *Vie de ſaint François de Sales*, par M. Hamon, t. I, p. 86, Note.

(2) Par lettres patentes données à Turin le 3 novembre 1584.

Trois ans s'étaient à peine écoulés, que le Sénat prévenait de ses vœux la volonté de celui qui avait le droit de choisir, & que le Prince s'honorait d'obéir à la voix publique en le créant sénateur (1). Ce fut au milieu des acclamations générales que le jeune magistrat prit possession de son siége ; & le premier président de Châtellard, en le complimentant, ne craignit pas de le signaler, dès lors, comme devant lui succéder un jour.

Il siégeait depuis huit ans au Sénat, quand le duc de Genevois, Henri de Savoie-Nemours, supplia le Duc de Savoie, son parent, de permettre à Favre de venir à Annecy occuper la charge de président du Conseil de Genevois. Une réforme dans l'administration de la justice était nécessaire, &, aux yeux du Prince, Favre était le seul homme qui pût en assurer le succès. Charles-Emmanuel y consentit; mais ce fut en déclarant, dans les lettres patentes qui lui furent accordées le 24 décembre 1596, qu'il n'entendait pas que, par cette charge, FAVRE *vint à décheoir de la place & séance de conseiller & sénateur.* En moins d'une année, les abus cessèrent & les magistrats furent ramenés aux vrais principes.

Taisand rapporte *que les fréquentes remontrances que le président adressoit aux avocats, quand leurs causes lui en fournissoient le motif, étoient de savantes & utiles*

(1) Par lettres patentes du 20 juillet 1587.

Il Duca di Savoia

Camera nra de Conti, entrate e fate buone in quelle del Mag.co Cons.re et Tes.o
nro gnale de guerra da monti m. Bernardino Datta la somma de
scudi Mille ottanta d'oro a fiorini sette l'uno per altri tanti che ci
ha pagati in nre proprie mani per servitio secreto Della qual somma
de ∀ 1080 d'oro come s.a Vogliamo che con questa senz'altro decreto
Detto gnrale ne resti scarigato come noi sen hora lo scarighiamo
Che tal è nra mente. Dat. in Torino li quatro di 8bre 1618

C. Emanuel

leçons, & qu'il y avoit plus à profiter à ses audiences que dans les plus fameuses universités. Il cherchait constamment à prouver, par la plume & par la parole, que les plus graves méprises & une foule d'erreurs trop répandues dérivaient de la sottise des uns, de la vanité des autres; que rien n'est plus dangereux que de suivre les vagues inspirations de ce qu'on appelle l'équité naturelle; que rien enfin n'est plus injuste qu'un homme ignorant : *Homine imperito quid injustius?*

Pendant les quatorze ans qu'il passa à Annecy, il fit paraître successivement la plupart des ouvrages qui l'ont placé parmi les jurisconsultes les plus justement fameux (1), & il sut aux travaux les plus graves allier tout à la fois les affections les plus douces. C'était sous ses auspices qu'après de brillantes études en droit, saint François de Sales avait été reçu avocat au Sénat de Chambéry. Peu après, le savant magistrat avait vivement, mais en vain, pressé le nouvel avocat d'accepter la charge de sénateur, dont le Duc de Savoie lui avait fait expédier des lettres patentes. François de Sales s'y était refusé, parce que, disait-il, « la magistrature exigeoit un homme tout entier, » & que, revêtu de la dignité de prévôt de l'Eglise de Genève, *il ne pouvoit servir*

(1) V., sur les *OEuvres de Favre*, l'excellent travail de M. Burnier. *Histoire du Sénat de Savoie*, t. I, p. 523.

deux maiſtres à la fois. Réunis dans la même ville, ils virent bientôt ſe reſſerrer les liens qui les avaient déjà rapprochés, en les révélant l'un à l'autre. Ils ſentirent dès lors ſe former à jamais entre eux ce doux commerce des âmes que le P. Lacordaire appelle un arôme anticipé de l'autre vie. La plus étroite intimité s'établit entre eux. Dans leur correſpondance, comme dans leurs converſations privées, ils ne ſe donnèrent plus que le nom de *frère*, de *frère très-tendre & très-doux*. Le préſident Favre appelait le comte de Sales, père du ſaint : *notre bon père, notre très-honoré père.* C'eſt ainſi qu'il le déſigne habituellement dans ſes lettres. Ils aimaient à verſer leur cœur l'un dans l'autre, s'encourageant dans les épreuves, ſe conſolant dans leurs peines. Aucun titre ne fut plus cher au préſident que celui d'ami de ſaint François de Sales; il le conſidérait comme la plus précieuſe portion de ſa gloire. « Si quelque ſouvenir de mon nom parvient à la poſtérité, qu'elle ſache ſurtout que nul ſur la terre ne vous a plus tendrement aimé que moi. » Ainſi s'exprimait-il en lui dédiant le douzième livre de ſes *Conjectures.*

Leur correſpondance n'eſt que le long & touchant dialogue de deux cœurs également pénétrés de l'onction du Chriſt, mais dans lequel on peut trouver de nombreuſes leçons de conduite. Parmi les enſeignements que nous préſente cette correſ-

Monsieur le tresorier gnal Sudra vous
paierez promptement audit porteur de
cette douze ducatz effectifz pour servir au
secret de S.A. et rapportant les presentes
vous en serez suffisamment deschargé
en vos comptes Le requerant ainsi
le service de S.A.S. Donné à Chambery
le 7 Juin 1621

Faure.

pondance, « il en eſt un que nous voulons recueillir, dit le judicieux auteur de l'*Hiſtoire du Sénat* (1), parce qu'il tranche une queſtion qu'un magiſtrat eſt bien ſouvent appelé à poſer : Juſques à quel point le juge peut-il écouter la voix de l'amitié qui vient plaider auprès de lui en faveur de telle ou telle partie? »

François de Sales recommandait quelquefois au ſénateur Favre certains procès par-devant la Cour ſouveraine. A l'occaſion d'une de ces affaires, le magiſtrat écrivait au prévôt : « Je vous prie de « vous bien perſuader que dans toutes les circonſ- « tances où vous voudrez bien recourir à mes bons « offices..., & dans toutes les affaires qui, ſauf « l'honneur & le devoir, peuvent être confiées à « mon zèle, je ne manquerai pas plus à vous & à « tous les vôtres que le meilleur de mes amis, ſi « j'avois beſoin de ſes ſervices, ne me manqueroit « à moi-même. Je ne ſupporte pas ces rigides « Catons qui n'admettent auprès d'un juge intègre « aucune recommandation. Comme s'il n'y avoit « pas pluſieurs de ces choſes qu'un ami peut hono- « rablement ſolliciter, même auprès du magiſtrat « le plus ſévère, pour le ſoutien de ſon droit! La « meilleure cauſe a beſoin, pour triompher, d'être « vigoureuſement défendue, car elle peut bien ſou-

(1) *Hiſt. du Sénat de Savoie*, t. I, p. 457.

« vent être compromiſe par l'impéritie ou la timi-« dité (1). »

Antoine Favre penſait donc que l'on peut, dans la même circonſtance, ſe montrer magiſtrat intègre & ami dévoué.

Antoine Favre était attaché à l'apôtre, ſon ſaint ami, par des liens dont la force était toute divine : Dieu, ſelon l'expreſſion de ſaint François de Sales, était devenu l'unité de leurs cœurs. La gloire de Dieu & le bien des âmes, tel était leur double but ; & l'union de ces deux nobles & généreux eſprits allait devenir une ſource de progrès pour la Savoie. Ils venaient de concevoir une œuvre dont la fin devait être à la fois « l'exercice de toutes les vertus, la ſouveraine gloire de Dieu, le ſervice de leur prince & l'utilité publique (2). » Dans cet eſprit, ils ne tendirent plus, par un commun effort, qu'à faire participer leurs compatriotes au mouvement intellectuel qui commençait à ſe manifeſter dans toute l'Europe ; ne négligeant rien de ce qui pouvait leur inſpirer le goût des lettres, l'amour des ſciences & des arts. « Alors on vit, dit M. Avet (3), la ville d'Annecy, devenue en quelque ſorte le berceau des lettres, préſenter un ſpectacle auſſi nouveau qu'intéreſſant. Des hommes inſtruits y accoururent de

(1) Traduit du latin.

(2) Préambule du règlement de l'Académie florimontane.

(3) *Eloge hiſtorique d'Antoine Favre*, par le ſénateur Avet, p. 33.

Monsieur Fadia nous payres a la Rose
faucomir de monseig.r le Ser.me Prince
[illegible] six ducats de six florins six 2 sols
piece pour l'entretien des faucons de
mond.t seig.r le Prince que pour sa personne
et rapportant le pnt sans autre nous
en demeurerez suffisamment deschargé
en nos comptes Donné a Chamb. le —
7 Juin 1621
Fauve.

tous les points de la Savoie; les talents, encouragés, semblèrent tout à coup se réveiller; l'union de l'utile & de l'agréable, cette loi du goût, se manifesta par la création de la première société littéraire qui ait existé en deçà des Alpes. Et bien avant que ces espèces de familles savantes, que les sciences ont créées en Europe, eussent été adoptées en France par le génie de Richelieu, une académie florissait déjà en Savoie (1). Elle reçut le nom d'*Académie florimontane* & eut pour emblème un oranger chargé de fleurs & de fruits avec cette devise : *Flores fructusque perennes*. Le Duc de Nemours en était le protecteur; le saint Evêque de Genève la présidait. Une séance publique se tenait chaque semaine dans la maison même de Favre. L'objet en était réglé d'avance. On y distribuait des prix & des couronnes aux meilleures compositions de tout genre. La grammaire, la poésie, l'éloquence, la philosophie, la théologie, les mathématiques, en un mot, tout ce qui peut développer l'esprit humain était du ressort de cette société. Les statuts furent rédigés en 1607, &, deux ans après, elle était parvenue à un tel degré de prospérité, que des savants étrangers briguaient l'honneur d'y être admis. Favre affirme qu'elle pouvait être mise en parallèle avec celles qui jetaient alors le plus d'éclat en Italie. »

(1) Elle précéda de 29 ans l'Académie française.

Rien n'atteste, mais tout permet de croire que René en fit partie. On en trouverait, au besoin, une présomption suffisante dans *cette grande & particulière amitié* qu'Antoine Favre, en son testament, nous dit *avoir toujours été entre ses deux enfants de la Valbonne & Vaugelas pour la conformité de leur âge & de l'éducation qu'ils ont prise ensemblement sous lui.* Les deux frères durent sans doute suivre ensemble les exercices d'une institution qui était l'œuvre de leur père, où leurs connaissances avaient tant à profiter, & auprès de laquelle Vaugelas puisa les premières observations régulières qui aient été faites sur la grammaire française, observations auxquelles il donna ensuite de si judicieux développements. « Il n'est pas indifférent, pour l'honneur de la Savoie, dit avec un juste orgueil M. Avet, de rappeler que l'auteur célèbre des *Remarques sur la langue française*, que l'élégant traducteur de Quinte-Curce, que l'écrivain qui publia le premier bon livre écrit correctement en français, que l'homme de lettres enfin qui eut la gloire de fixer une langue vivante, était le fils de Favre, & qu'il fut membre de l'Académie florimontane avant de l'être de l'Académie française. »

Si l'on considère que le perfectionnement de la langue française fut l'un des objets principaux que se proposa la société littéraire établie à Annecy, il est difficile de ne pas faire remonter à Favre ce résultat capital des travaux de cette société. L'esprit supérieur de Favre avait compris combien il importait de donner à la langue française toute la précision dont elle était susceptible, d'en connaître le génie, d'en fixer le caractère, depuis qu'elle était devenue la langue des tribunaux, l'interprète de la volonté royale, la langue de la nation, l'expression de tous les rapports sociaux & civils. Favre voyait dans cette étude la nécessité de tous & particulièrement le devoir du magistrat.

Nous ne saurions, au sujet de l'Académie florimontane, omettre ici une réflexion qui nous semble trop juste pour ne pas l'emprunter à son auteur. Les sociétés littéraires formées en Italie répandaient autour d'elles un éclat qui en faisait l'orgueil; mais, éclat vaniteux & surtout improductif, elles eussent pu prendre pour devise : *vanis vanam*. C'est que, « fondées sur l'amour-propre & la gloriole scientifique, dit M. Eugène Burnier (1), elles manquaient de ce feu sacré, de cet élément chrétien qui n'est autre chose que la charité, & qui fit porter à l'Académie d'Annecy des fruits si merveilleux...... A saint François de Sales & au président Favre revient l'honneur d'avoir créé une société littéraire qui sut se montrer vraiment utile. »

La culture des lettres, en développant chez

(1) *Hist. du Sénat*, t. I, p. 464.

Antoine Favre les dons de la plus rare intelligence, y développèrent à un égal degré les dons les plus éminents du cœur : il ſavait plaire comme il ſavait convaincre. Perſonne mieux que lui ne fut propre aux négociations délicates, & les ſéductions d'une bienveillance qui lui était naturelle doublaient la puiſſance de ſes reſſources. Le duc de Savoie-Nemours & Anne d'Eſte, ſa mère, voulurent lui confier la défenſe des droits de cette princeſſe, contre Céſar d'Eſte, au ſujet de la ſucceſſion d'Alphonſe II, duc de Ferrare. Ils l'envoyèrent en Italie, où cette laborieuſe & difficile miſſion le retint trois années en deux voyages, tant à Rome qu'auprès du duc de Modène. Dans l'un & l'autre de ces voyages il fut accompagné de René, &, dans le premier, René eut pour compagnon le comte Louis de Sales, ſon ami, dont Buffier a écrit la vie. Le voyage eut lieu par Modène. Saint François de Sales les rejoignit à Rome, où il eut à rendre à l'ami qu'il appelait ſon frère, pendant une longue & dangereuſe maladie, tous les bons offices que pouvait inſpirer une auſſi parfaite amitié. C'eſt après cette maladie, que le Saint écrivait à M. de Granier, évêque de Genève : « M. le Préſident Favre, mon frère, qui ſe porte bien à préſent, dont je rends grâces à Dieu, me mène aujourd'hui viſiter les saints lieux. C'eſt un chemin qui ne lui eſt pas inconnu, & ce ne ſera pas pour vous une choſe indifférente si je vous dis, comme il est vrai, que sa vertu augmente tous les jours (1). »

Appelé à faire valoir les droits de la duchesse de Nemours devant le tribunal de la Rote, Antoine Favre ne trouva que des admirateurs dans ses juges. Clément VIII lui prodigua les témoignages de la plus haute estime. Ce Pape, à la fois pontife vénérable, grand prince, jurisconsulte distingué, trouvait un charme inexprimable dans la conversation animée & brillante du président Favre. Il eût désiré le voir libre de tout lien pour le revêtir des plus hautes dignités ecclésiastiques; & saint François de Sales nous rapporte que le Saint-Père aimait à répéter que l'*Eglise serait heureuse si elle pouvait être actuellement gouvernée par ses conseils & un jour par son autorité* (2). Tout ce qu'il y avait à Rome de distingué par le rang ou les talents disputait autour de lui d'un égal enthousiasme. Une foule de savants & de beaux esprits, parmi lesquels on remarquait Juste Lipse, qui formait avec Scaliger & Casaubon ce que l'on appelait alors le *triumvirat des lettres*, lui rendirent les hommages les plus flatteurs. « On eût dit, selon l'expression d'un de ses biographes, que ce grand homme était venu triompher au Capitole. »

Mais, au milieu de ces ovations, seul l'humble

(1) Taisand, p. 205.

(2) Taisand.

chrétien répétait ce qu'il écrivit un jour à ſaint François de Sales, « qu'après tout nous ne ſommes dans ce monde que ce que nous ſommes devant Dieu, en la préſence duquel les louanges ni le blâme ne nous élèvent ni ne nous abaiſſent. » Dans cette ſituation d'eſprit, les ſéductions de la gloire le laiſſaient trop indifférent pour l'empêcher de pourſuivre ſes infatigables travaux. Sans négliger les intérêts de la ducheſſe de Nemours, il ſut ſe créer des loiſirs que lui facilitait ſans doute le zèle intelligent & dévoué de ſon fils, & auxquels nous devons la juriſprudence *papinienne*. Cet excellent livre, que Favre médita ſur un ſol inſpirateur & au milieu des grands ſouvenirs de la légiſlation romaine, eſt digne en tous points de la réputation de ſon auteur. Déſirant toujours ramener l'étude du droit à des principes fixes, il en a montré l'enchaînement avec une méthode qui a ſervi de modèle aux meilleurs ouvrages que, depuis, l'on ait écrit ſur la théorie légale (1).

Peu après ſon retour de Rome, une nouvelle miſſion de la ducheſſe de Nemours appelait Antoine Favre à Paris. La princeſſe ne voulait confier qu'à lui le ſoin de régler ſes dernières diſpoſitions. René l'accompagna dans ce nouveau voyage qui le retint neuf mois, tant à Paris qu'à Fontainebleau, & où il vit ſe multiplier autour

(1) Avet.

de lui les témoignages de diſtinction de la cour & de la ville.

Favre revint à Annecy, aſpirant au repos ; mais le repos était déſormais incompatible avec ſa grande renommée & l'éclat de ſes ſervices. En 1604, ſa mauvaiſe ſanté l'avait empêché d'accepter une chaire à l'Univerſité de droit de Turin, ſeule poſition qu'il eût enviée ; retiré déſormais au fond de la Savoie, il ne s'attachait plus qu'à la penſée d'abandonner les affaires publiques pour ſe livrer uniquement à la méditation des vérités religieuſes ; mais, en ce moment même, le modeſte magiſtrat touchait aux glorieuſes récompenſes que lui avait préparées ſon mérite.

De 1608 à 1610, le Sénat fit deux pertes regrettables : Alphonſe d'Elbène, ſénateur & archevêque d'Alby, prélat pieux & magiſtrat zélé, mourut dans ſon diocèſe (1) ; Charles de Rochette, premier préſident, le ſuivit de près dans la tombe & mourut au printemps de 1610. Leurs ſucceſſions publiques eurent de nombreux prétendants. Mais Charles-Emmanuel n'écouta que le vœu général en élevant à la dignité de premier préſident celui qui, pour l'obtenir, n'avait fait que la mériter, & ſon choix

(1) D'Elbène eſt le premier chroniqueur qui ait ſoutenu l'origine italienne de la maiſon de Savoie. Il eut ſur ce point de grandes conteſtations avec Emmanuel de Pingon, qui ne partageait pas ſon avis.

alla ſpontanément chercher Antoine Favre dans ſa retraite. Pour lui donner une double marque de ſa haute eſtime, en le nommant premier préſident il nomma en même temps ſénateur ſon fils René, ſeigneur de la Valbonne, déjà juge-maje de Genevois (1) ; & comme ce dernier n'avait que vingt-huit ans environ, & que le droit romain exigeait trente ans pour l'exercice des fonctions ſénatoriales, il le releva du défaut d'âge qui lui était oppoſable (2). — *Mr Favre n'aurait pas eu la préférence ſur ſes concurrents*, répondait le prince à ceux qui le félicitaient de cette promotion, *ſi j'en euſſe connu un plus capable que lui*. Et voulant conſoler le duc de Nemours de la perte qu'il faiſait en perdant ce magiſtrat, il lui adreſſa ces paroles non moins flatteuſes pour Favre : « Mon couſin, je vous ai ôté M. le préſident Favre, mais je vous l'avais laiſſé quatorze ans ; ainſi vous n'avez pas ſujet de vous plaindre de moi. Il eſt bien juſte que je profite à mon tour de ſes rares qualités & que je faſſe pour lui ce que vous ne pouvez faire. D'ailleurs, le bien de mes ſujets m'engage à ne confier l'adminiſtration de la juſtice qu'aux perſonnes les plus capables de s'en occuper (3). »

Peu avant ſon entrée au Sénat, René épouſa Andréanne Nicole de Creſcherel, fille de Claude

(1) Lettres patentes datées de Turin le 1er février 1610.

(2) Lettres patentes datées de Turin le 15 juillet 1610.

(3) Taiſand.

de Crefcherel, écuyer & baron de l'Orme en Savoie, avocat confiftorial, & de Jeanne de Sautereau, fille de noble Michel de Sautereau en Dauphiné.

Nicole de Crefcherel était digne, par fes vertus, d'entrer dans une famille qui les poffédait toutes. Saint François de Sales, qui aimait tendrement M. de la Valbonne & l'appelait fon *neveu*, difait de Mme de la Valbonne « qu'elle étoit une vraie fœur de la Vifitation du dehors. » Mme de Chantal, avec laquelle ils vivaient dans une grande intimité, parle de leur parfaite union, les repréfente comme des *efprits loyaux & francs* & dit : « Notre bonne Mme de la Valbonne (1). »

René de la Valbonne répondit aux faveurs dont il venait d'être l'objet par un écrit deftiné à rendre grâce au prince pour fon père & pour lui (2). L'auteur parle d'abord au nom du premier préfident : « Vous lui avez confié l'épée de la Juftice, dit-il à Charles-Emmanuel ; &, au lieu qu'autrefois il ne la tenoit que par une des branches de la garde, vous la lui faites ores faifir par la poignée. »

René ajoute pour lui-même : « Ce n'eft pas feulement un père qui eft obligé à la faveur de votre

(1) *Lettre de Ste Chantal à la mère Favre.* Annecy, 1635.

(2) *Remerciement à S. A. S., par René Favre, fieur de la Valbonne.* Chambéry, chez les frères Dufour, 1610. (Bibliothèque de M. Cofta de Beauregard.) — Cité par M. Burnier, *Hiftoire du Sénat de Savoie*, t. I, p. 315.

bonne opinion ; j'y ai participé en ce que V. A. m'a honoré de l'état de ſénateur, afin que, puiſque mon père eſt au corps du Sénat, je fuſſe partie aucunement de ſon corps & membre ſous ſa tête, & que l'art pût en cela imiter la nature qui m'a extrait de ſon ſang. Tout ainſi que, quand on a ſavouré les fruits d'un bon arbre, on en prend les branches pour greffe, bien qu'on n'ait point encore tâté du fruit de la branche ; auſſi V. A., ayant tâté des fruits du tronc de notre maiſon, de ſix branches ſucceſſivement & ceux du ſervice de mon père, me prend comme ſa première branche, pour m'inſtaller & enter au Sénat, bien qu'Elle n'eût encore vu de moi que des feuilles, mais, Dieu merci, vertes & pleines de bonne eſpérance, comptant d'y jeter les fleurs avec celles de mon âge, & les fruits devant l'automne de mes années, auſſitôt qu'il plaira à V. A. d'employer ma très-humble affection. Quelle libéralité, Monſeigneur, eſt la vôtre, que de récompenſer le ſeul deſſein de vous ſervir, & me faire ſervir tout jeune en la place & au rang des vieux, & de rendre vos gratifications auſſi vigoureuſes que mon âge & mes eſpérances! J'ai dit que vous êtes un ſoleil, & voici que je ſuis expoſé à vous pour en recevoir la clarté. Et, de fait, en votre Sénat vous êtes le ſoleil, & les ſénateurs, tous les aſtres à qui vous communiquez votre lumière. »

OEuvre de jeune homme, tout le livre eſt écrit

de ce ſtyle imagé, mis à la mode par ſaint François de Sales, mais dont l'aimable Saint ſemblait s'être réſervé le ſecret, & qu'il maniait ſeul avec grâce. Sous toute autre plume que la ſienne, les métaphores du beau langage de l'époque ne rappelaient guère que l'afféterie italienne de Marini, ou l'enflure eſpagnole de Gongora, dont les écoles prétentieuſes dominaient dans toute la partie méridionale de la France. Toutefois, ce ne pouvait être en vain que René Favre avait puiſé l'inſtruction & le goût aux mêmes ſources que Vaugelas, ſon frère, & qu'il avait eu en lui, pour compagnon d'études, l'un des hommes qui contribuèrent le plus à former cette ſimple & noble langue françaiſe deſtinée à devenir bientôt la langue de tant de chefs-d'œuvre. Après le petit écrit que nous venons de citer, & qui n'offre d'autre intérêt, dit M. Burnier, qu'au point de vue de l'*archéologie littéraire*, nous le retrouvons occupé de travaux ſérieux, que l'Académie florimontane n'eût déſavoués ſous aucun rapport.

Un mois avant qu'Antoine Favre fût appelé à la préſidence du Sénat, le couteau de Ravaillac enlevait Henri IV à la France (1), & frappait en même temps la penſée politique dont la haute intelligence de ce roi préparait le triomphe.

Depuis longtemps la politique ſecrète du Béarnais

(1) Henri IV fut aſſaſſiné le 14 mai 1610.

avait pour but l'affaibliſſement de la maiſon d'Autriche. Souvent il avait occupé ſon miniſtre de prédilection, Sully, d'un plan de fédération européenne, où la France eût fait équilibre à la puiſſance eſpagnole, & où les divers Etats euſſent eu des limites certaines, avec des garanties mutuelles. A meſure qu'il réparait en France les maux de l'anarchie, il revenait à ſon deſſein, que Sully avait fini par formuler avec la préciſion ordinaire de ſon eſprit. Sous le nom d'équilibre pacifique & de domination déterminée entre tous les peuples, il s'agiſſait de renfermer l'Eſpagne dans ſes limites naturelles ; de rétablir l'élection impériale ; d'ôter à la maiſon d'Autriche la Hongrie & la Bohême ; de balancer ſa puiſſance en Italie & de mettre en ſa préſence, dans les Indes, les flottes de l'Angleterre & de la Hollande (1).

Lorſque Henri IV fut frappé, il touchait au moment où il lui allait être poſſible d'impoſer ſon plan à l'Europe. C'eſt à ce plan que ſe rattachait le traité ſecret de Bruſolo, par lequel Henri IV promettait au duc de Savoie de le mettre en poſſeſſion du Milanais & de le lui garantir dès qu'ils en auraient fait la conquête à frais communs (2). Il

(1) V. Laurentie, *Hiſtoire de France*, règne d'Henri IV.

(2) Il s'agiſſait, par ce traité, de chaſſer les Auſtro-Eſpagnols de l'Italie. Le Montferrat, le Milanais & le Piémont devaient former l'ancien royaume de Lombardie. Veniſe & Rome conſentaient à cet arrangement, dans lequel entrait une ceſſion de la Savoie & de la Breſſe à la France.

Nous soubsignes confessons d'avoir heu et receu
de Noble Roglia Conseiller de S.A.
et son Tresorier general deca les monts la
somme de cinq cents seze florins neuf gros en
payement de noz gages pour le quartier de
Decembre dernier escheu pour l'office de Senateur
au Senat de Savoye [illegible] quittance faicte
a Necy ce douzieme iour de Janvier mille
six cents vingt et huict

[illegible] [illegible]

[illegible]

offrait, en outre, de donner une de ſes filles au prince de Piémont & de payer de fortes penſions à ſes autres fils. Le duc de Savoie, en ſignant ce traité avec Leſdiguières, à Bruſolo, le 25 avril 1610, s'engageait à entrer immédiatement ſur les terres de Milan, à la tête de 14,000 hommes de ſes propres troupes & de 23,000 Français, pour enlever cette province à Philippe III.

La fin tragique du roi de France eut pour effet immédiat de jeter le trouble dans la plupart des Etats européens. Bien que l'Eſpagne ignorât le traité de Bruſolo, elle preſſentait que des projets avaient été formés contre ſes poſſeſſions italiennes. Le comte de Fuentès menaçait les Etats du duc en accumulant ſes troupes ſur leurs frontières. Leſdiguières préparait ſon armée du Dauphiné. La Savoie tout entière préſenta bientôt, de ſon côté, l'aſpect d'un vaſte camp. Dès le principe de cet état de choſes, le duc de Savoie adreſſa au nouveau premier préſident des lettres patentes de gouverneur de Savoie & de toutes les provinces en deçà des monts, en les accompagnant d'une lettre très-obligeante de ſa main, dans laquelle il le traitait plutôt comme ſon ami que comme ſon ſujet. Le nouveau chef du Sénat, ſans négliger en rien l'adminiſtration de la juſtice, eut à lever & à organiſer des troupes & à s'acquitter de toutes les fonctions réſervées aux chefs militaires(1). Il fit, en ces circonstances, avec autant d'intelligence que de courage, tout ce qu'on peut attendre d'un homme de guerre. Puis, rendu tout entier aux fonctions de la magistrature, il imprima à toutes les juridictions un mouvement & un ordre qui n'y avaient point encore régné. Charles-Emmanuel Ier ne se décidait qu'après s'être éclairé de son avis, & il eut une part active aux plus hautes déterminations de la politique & de la législation. Les Mémoires profonds qu'il écrivit eussent suffi à sa renommée. Mais ce fut surtout dans le débat fameux occasionné par la succession du Montferrat, qu'il fit admirer cette fécondité de moyens, cette hauteur de vues & cette fermeté d'esprit nécessaires au véritable homme d'Etat. Dans cette affaire, nous retrou-

(1) Ce ne fut pas la première fois, en ces temps orageux, qu'on vit le même homme tenir l'épée & porter la toge. Quand Henri IV, à la fin du siècle précédent (1596), envoya l'illustre Du Vair à Marseille, alors travaillée par les intrigues espagnoles & le duc de Savoie, & où un heureux coup de main venait de renverser l'espèce de république qui s'y était improvisée à la faveur des troubles du royaume, ce grand magistrat, investi du titre d'intendant de la justice, eut à y pourvoir en même temps à toutes les choses de la guerre. — Antoine Favre eut avec Du Vair un autre trait de ressemblance : ce fut son amour des lettres & son zèle à en répandre le goût ; amour qui amena Du Vair à former autour de lui, dans sa maison de campagne de la Floride, une espèce de société littéraire, où les charmes d'une douce & cordiale amitié se mêlaient aux sérieux plaisirs de l'étude & des discussions scientifiques, comme il amena, à Annecy, François de Sales & Antoine Favre à fonder l'Académie florimontane.

verons près de lui René, ſon fils, & nous devons, pour cela, nous y arrêter plus particulièrement.

François de Gonzague, duc de Mantoue & de Montferrat, mourut, ne laiſſant de ſon mariage avec Marguerite de Savoie, fille de Charles-Emmanuel, qu'une fille unique. Charles-Emmanuel, comme aïeul de cet enfant, prétendit en faire décerner la tutelle à la douairière de Montferrat, avec le projet plus éloigné de marier cette importante héritière à l'un de ſes fils. Mais le cardinal Ferdinand de Gonzague, frère du duc défunt, déconcerta ce plan en accourant de Rome pour s'emparer de la régence, & fit enfermer la fille de ſon frère au château fort de Goïto, comme pour la ſouſtraire aux entrepriſes de ſon aïeul maternel. Ce procédé indigna le duc de Savoie, qui comptait fermement que le Montferrat, ajouté au Piémont, ainſi que la province de Saluces, le dédommageraient amplement des ſacrifices qu'il avait été forcé de faire au-delà des Alpes. Trompé dans ſon eſpérance, il réclama avec hauteur les droits de ſa famille ſur le Montferrat & prit poſſeſſion des principales places de la province, Caſal excepté. Le cardinal, qui n'avait pas de troupes à lui oppoſer en ce moment, ſe détermina à rendre la liberté à la ducheſſe douairière, mais retint la jeune princeſſe priſonnière, ſe faiſant fort de l'appui que lui promettait l'Eſpagne, & comptant, en outre, ſur les bons offices du Pape & ſurtout de la Reine de France, dont il était le parent. Il voulait que l'Empereur prononçât, comme juge naturel, entre deux membres du corps germanique. Dans cet état de choses, Charles-Emmanuel, animé d'un vif désir de ne point troubler le repos de l'Italie, consentit à soumettre ses droits à la décision des commissaires impériaux, qui se réuniraient *ad hoc* à Milan, & choisit Antoine Favre pour défendre ses intérêts devant eux.

A cet appel du duc, Favre n'hésita pas; il franchit les Alpes au milieu des rigueurs de l'hiver & se disposait à élever la voix pour son souverain, lorsque les ambassadeurs du cardinal s'éloignèrent au moment même où les conférences allaient s'ouvrir, prévoyant trop que le résultat ne pouvait en être favorable à la maison de Mantoue. Favre ne déserta point la cause pour cela. Prévoyant l'orage qui menaçait l'Italie, il tenta courageusement de l'écarter, en faisant appel à la solidarité des princes chrétiens en faveur des droits de la maison de Savoie. Dans un manifeste qu'il leur adresse, il les invoque comme formant une sorte de tribunal suprême, leur retrace les maximes d'une sage politique, fondée sur la religion & sur l'amour de l'humanité. Il leur démontre que toute agression injuste, toute usurpation des droits du faible est un acte attentatoire à leur propre dignité; que tous les princes chrétiens doivent se considérer comme membres d'une grande famille, qui ne peut ſubſiſter que par l'ordre & la paix; que le repos de l'Italie les intéreſſe également; qu'enfin, leur ſûreté comme leur gloire leur dicte le devoir de s'oppoſer à une guerre déſaſtreuſe, en replaçant les droits de chaque prétendant ſous l'empire des lois & du droit public (1).

C'eſt à la ſuite de ce manifeſte qu'il publia ſa célèbre conſultation ſur le Montferrat, travail recherché, auſſi remarquable par la force des arguments que par l'abondance des détails hiſtoriques.

Il y a tout lieu de croire que René ne fut point étranger à l'œuvre du premier préſident. On voit, par une lettre de celui-ci adreſſée de Chambéry à M. Crotti, en date du 28 avril 1617, que le duc de Savoie, empreſſé de lire la conſultation ſur le Montferrat, voulut en juger avant qu'elle fût terminée, & que ce fut de la Valbonne qui fut chargé de repréſenter ſon père & d'aller à Turin communiquer ce grand travail au prince & le mettre à même d'en apprécier l'ordonnance.

Les témoignages de la haute ſatisfaction du duc ne ſe firent pas attendre. Charles-Emmanuel promut Antoine Favre à l'éminente dignité de gouverneur civil & militaire du duché de Savoie, en remplacement de Sigiſmond d'Eſt, marquis de Lanzo,

(1) Avet, Eloge d'Antoine Favre. — V., ſur la queſtion du Montferrat, *Mémoires hiſtoriques ſur la Royale Maiſon de Savoie*, de M. le marquis Coſta de Beauregard, t. II.

& nomma de la Valbonne préſident au Conſeil de Genevois, en remplacement du ſénateur du Coudray, à qui un accident venait de coûter la vie dans le lac d'Annecy (1).

Saint François de Sales ne voulut pas tarder d'un jour à témoigner à ſon ami René la joie que lui faiſait éprouver cette nomination. Il lui adreſſa d'Annecy la lettre ſuivante, en date du mois d'août 1617 :

« Quel eſt mon contentement ſur votre venue en cette ville pour y poſſéder la qualité que ſi ſouvent je vous avais déſirée & qui vous a été conférée avec tant d'honneur! Le bien eſt doublement honorable quand il nous vient honorablement. Venez donc, mon cher neveu, venez vers nous & vivez avec nous joyeuſement & ſuavement, juſqu'à ce qu'après de longues années, vous ſuiviez monſieur votre père au ſiége ſouverain, avec autant de conſolation publique que vous venez de lui ſuccéder en ce ſiége ſubalterne. Je ſalue très-humblement ma chère niepſce, & me réjouis avec elle ſi elle ſe réjouiſt de venir, &, ſi elle ne s'en réjouit pas, je m'en réjouis néancmoins, augurant que ſon cœur s'en réjouiſra quand elle y verra chacun en feſte

(1) Patentes du duc de Nemours du 17 juillet 1617. — Patentes du duc de Savoie du 14 août 1617. La Valbonne entra en poſſeſſion de ſa nouvelle dignité le 24 ſeptembre ſuivant ; il ſiégea cependant régulièrement au Sénat juſqu'au 3 novembre.

autour de vous & d'elle, à cause du contentement général de votre venue & de la sienne.

« Que Dieu soit à jamais au milieu de votre esprit, pour faire justice & jugement & pour vous combler de douceurs & de consolations célestes.

« Je suis seulement en peine de la séparation de monsieur votre père & de son petit Antoine-François (1) si vous l'apportez, ou de celle de ma niepsce & de lui si vous ne l'apportez pas. »

En confiant au premier président du Sénat le gouvernement civil & militaire du duché de Savoie, le duc le chargeait de fonctions dans lesquelles il avait été appelé à s'éprouver dès les premiers jours de sa magistrature, mais qui n'avaient jamais présenté de plus graves & plus nombreuses difficultés. La complication des rapports de la Savoie avec la France, un état de guerre presque permanent avaient multiplié les devoirs de cette place, & le nouveau gouverneur allait avoir tout à la fois à donner une éclatante preuve de ses talents diplomatiques.

Un seul point du traité de Brusolo lui avait survécu : c'était le projet de mariage qui devait unir le prince de Piémont Victor-Amédée à Christine de France, seconde fille de Henri IV. Cette alliance, qui promettait un solide appui au duc de Savoie,

(1) Antoine-François, comme on le voit dans le testament du président Antoine, était l'aîné des fils de René. Le président Antoine dit en avoir été le parrain *avec l'évêque de Genève*.

était pour lui d'un trop grand intérêt, pour ne pas armer contre elle toutes les mauvaiſes volontés & toutes les intrigues du cabinet de Madrid. Pour hâter l'union déſirée & déjouer ces intrigues, Charles-Emmanuel envoya en France ſon propre fils, le cardinal Maurice, mais en lui adjoignant & lui donnant pour guides le préſident Favre & l'évêque de Genève. Ils partirent emmenant avec eux de la Valbonne.

Le préſident Favre & ſaint François de Sales étaient alors dans tout l'éclat de leur renommée. Leur arrivée à Paris excita un véritable enthouſiaſme.

Nous allons entendre Favre lui-même faire au duc de Savoie la deſcription de leur entrée dans cette capitale :

« Peut-être me conviendrait-il mieux, lui écrivait-il, de garder le ſilence ſur tout ceci ; la modeſtie ſemblerait m'en impoſer la loi ; mais je ne puis diſſimuler à V. A. tout le plaiſir que j'éprouvai le jour où Son Eminence le cardinal fit, avec pompe, ſon entrée ſolennelle dans cette vaſte cité. Je cédai un inſtant à l'enivrement de la gloire. Placé dans la même voiture que l'évêque de Genève, je comparais ma poſition à celle où ſe trouvait Pline le jeune, lorſque, aſſis aux jeux publics à côté de Cornélius-Tacite, il rapporte que jamais rien ne le flatta davantage que de ſe voir ſignaler par le peuple comme un personnage d'un rare mérite, par cela seul qu'un grand homme l'avait distingué & admis à son intimité. Dans la foule de spectateurs qui se pressaient autour de nous, il n'était personne, pour peu qu'il eût entendu parler de théologie & de jurisprudence, qui, en nous désignant du doigt, ne s'empressât de dire à notre passage : « Voilà « l'illustre évêque de Genève, le plus grand des « théologiens de nos jours ! Voilà ce président « Favre qui a publié tant d'ouvrages, & qui est « devenu comme le frère de François de Sales, par « la tendre affection & l'amitié incomparable qui « les unit (1) !... »

Le jour suivant, Favre ayant été présenté à Louis XIII, le Roi, après l'avoir considéré quelques instants, se tourna vers le chancelier de Sillery, qui l'avait introduit, & lui dit en montrant le président du Sénat de Savoie : *Est-ce là ce Favre dont on parle tant?* — Dans la même circonstance, Nicolas de Verdun, premier président du Parlement de Paris, fit de son collègue le plus pompeux éloge : « Je puis assurer à Votre Majesté, dit-il à Louis XIII, « que c'est le premier homme de l'époque pour « notre profession, un magistrat incomparable & « le plus grand sujet de ce siècle (2). »

(1) Dédicace à Charles-Emmanuel du 3e livre des *Rationalia ad Pandectas*; traduction de M. Avet.

(2) Taisand.

M. de Verdun avait depuis longtemps pour Favre la plus vive admiration. Etant premier président à Toulouse, avant d'arriver à la Cour de Paris, il corroborait toujours son opinion par celle du magistrat savoisien. Avec lui, les Sillery, les Jeannin, les Du Vair & beaucoup d'autres, pendant tout le séjour de Favre à Paris, ne cessèrent de l'environner de la plus haute considération. Le Parlement de la capitale voulut sanctionner l'hommage individuel de tous ses membres par un acte solennel : il ordonna que toutes les œuvres d'Antoine Favre seraient placées dans ses archives. Cette Cour souveraine voulut même l'honorer jusque dans ses deux fils (1) : dérogeant à tous les usages, elle conféra à l'un & à l'autre, quoique étrangers, le titre d'avocat honoraire au Parlement.

Favre acheva de se concilier la considération générale par la manière dont il assura le succès de sa mission. Son éloquence entraîna le Conseil d'Etat, & l'union du prince de Piémont avec la fille de Henri IV fut irrévocablement arrêtée.

La supériorité que Favre déploya dans cette circonstance devait lui conquérir l'admiration & la bienveillance de Louis XIII. Taisand rapporte que le Roi, jaloux de s'attacher un homme d'une aussi grande valeur, lui fit offrir la première prési-

(1) René & Vaugelas.

dence du Parlement de Toulouſe, alors vacante ; mais cette tentative ayant été infructueuſe, le Roi lui-même chercha à l'ébranler. Le prenant à part, un jour qu'il le rencontra dans la galerie des Cerfs, à Fontainebleau, il le preſſa d'accepter la charge de ſecrétaire d'Etat, & lui donna ſa parole royale qu'il ne tarderait pas de le mettre à la tête de la magiſtrature françaiſe, en le nommant grand chancelier. La perſpective d'un auſſi grand avenir, les brillantes promeſſes d'un monarque puiſſant furent inhabiles à tenter ce ſerviteur fidèle, dont la maxime était qu'*un honnête homme ne doit jamais ſe ſéparer ni de ſon Dieu ni de ſon prince* (1).

A une rentrée du Parlement de Paris, l'avocat général qui portait la parole le proclama le *plus grand magiſtrat du monde ;* s'adreſſant enſuite aux avocats qui compoſaient le barreau, il leur recommanda de ne jamais citer l'opinion de Favre *ſans mettre la main au bonnet* (2).

Le prince de Piémont, Victor-Amédée, & Chriſtine de France firent leur entrée dans la capitale de la Savoie le 30 octobre 1619. Capré nous donne d'intéreſſants détails ſur cette ſolennité (3) :

« LL. AA. étaient accompagnées du duc & de la ducheſſe de Ventadour, de madame la connétable de

(1) Taiſand, pp. 197, 198.
(2) *Ibid.*
(3) *Traité hiſtorique*, p. 326.

France & du maréchal de Lesdiguières. Le Sénat en robes rouges, & la Chambre des comptes en habits de parade, allèrent à cheval au-devant du couple royal qui arrivait de Grenoble. Ils s'arrêtèrent au pied du Colombier. La ville de Chambéry & la haute magistrature firent de grandes dépenses pour célébrer l'arrivée des nouveaux époux, dont l'union était un gage de paix & de prospérité pour le pays. »

On lit dans le manuscrit du cérémonial du Sénat, qui appartient à M. Costa de Beauregard & que cite M. Burnier dans son *Histoire du Sénat* : « Lorsque Victor-Amédée Ier se maria avec Chrestienne de France, le Sénat fit faire un arc triomphant depuis la maison du maître-auditeur Berlier jusqu'au coin du poids de la juiverie. Il y avait de belles colonnes dorées, des armoiries, des emblèmes, & au-dessus une niche dans laquelle était le fils aîné du sénateur More, qui chantait des vers lorsque Madame passa. Quoiqu'on se prévalût de quelques amendes adjugées au Sénat, chacun des sénateurs se trouva tiré & déboursa 39 ducatons. Les présidents payèrent simplement comme les autres. »

« Le lendemain de l'arrivée, dit Capré, le Sénat & la Chambre s'assemblèrent pour aller faire la révérence à Madame Royale au château. Chacun de ces messieurs eut l'honneur de lui baiser le bout de la robe, suivant l'usage de ce temps-là. A son départ, il n'y eut que les deux chefs des Compagnies qui rendirent leurs très-humbles respects à S. A. »

Après cet heureux événement, la Savoie jouit, pendant plusieurs années, du calme que lui avait procuré l'alliance française. De 1619 à 1624, les annales du Sénat ne présentent aucun fait qui mérite d'être mentionné (1).

Le président Favre avait rapporté de Paris une santé singulièrement éprouvée par la continuité de ses travaux. Il tomba gravement malade. La mort de sa seconde femme (2), qu'il s'est plu à nous dépeindre comme le modèle des épouses & des mères chrétiennes, vint ajouter à ses infirmités physiques une douleur morale dont la foi & l'étude furent les seules consolations. Il vivait sous la protection de cette douce mémoire. Mais, en se livrant avec plus d'ardeur que jamais à son travail sur les Pandectes, il nourrissait une pensée qui adoucissait les tristesses de son glorieux déclin. Son vœu le plus ardent était de voir son fils aîné René de la Valbonne, l'élève qui avait tout appris de lui, le tendre & dévoué compagnon de ses voyages & de ses travaux, lui succéder sur le siége qu'il avait illustré. Une lettre écrite en 1620, par saint François de Sales, à un gentilhomme de la cour de Savoie, nous révèle cette

(1) *Hist. du Sénat*, t. I, p. 567.

(2) Philiberte Martin de la Pérouse, dont il n'eut point d'enfants.

ambition ſi naturelle de la part d'un père, & nous apprend quelle grande place ce vœu tenait auſſi dans le cœur du ſaint évêque de Genève, ſon ami. Nous la donnons ici tout entière, parce que, en nous faiſant apparaître ſon auteur ſous un jour nouveau, elle nous fournit en même temps des détails précieux & ſur René Favre & ſur le perſonnel des magiſtrats du Sénat à cette époque.

Lettre de ſaint François de Sales à un gentilhomme de la Cour de S. A. le duc de Savoie (1).

«Vous verrez, par la lettre & le mémoire de noſtre frère (2), la propoſition qu'il déſire eſtre faite à Son Alteſſe ou à Mgr le Prince. Or, il a une grande eſpérance que par ce moyen il rendra un bon & fructueux ſervice à la couronne; car ceux qui entendent en l'affaire l'aſſurent qu'elle eſt fort bonne & digne d'être entrepriſe. Pour moi je le déſirerai bien fort, & croy que S. A., n'ayant rien à délivrer préſentement, ni meſme à l'avenir, ains ſeulement à authoriſer maintenant l'entrepriſe & tirer à l'advenir preſque tout le fruit de ce travail, Elle accordera volontiers ce qu'on demande.

« M. le premier préſident, voyant que ſa jambe

(1) *Datta*, IIe vol., p. 287.

(2) On a vu que ſaint François n'appelait pas autrement Antoine Favre.

ne lui pourra guère meshuy permettre d'aller aux audiences, avait fait une penſée de ſupplier Son Alteſſe de vouloir donner ſon office à ſon fils M. de la Valbonne, qui l'exercerait dès à préſent & ſans autres gages que ceux qu'il a pendant la vie de ſon père, après laquelle il ſuccèderait aux gages comme à l'eſtat.

« Or, pour parvenir à cela, il ſerait requis d'uſer de préparatifs; en quoy vous pouvez obliger l'un & l'autre ès occaſions, comme ſerait de faire naiſtre des propos parmi leſquels vous puiſſiés par ci par là jetter dans l'eſprit de Leurs Alteſſes & de Madame les conceptions ſuivantes :

« Que M. le premier préſident eſt le plus grand juriſconſulte de ce temps, & que c'eſt dommage qu'il ne puiſſe plus ſi alégrément meshuy prononcer les arreſts & ſe treuver à toutes occaſions, comme il ſayſait; que ſa maladie luy donne également cette incommodité & preſque aſſeurance de longue vie, puiſque elle le deſcharge des humeürs peuantes; que c'eſtait une belle choſe à occurences de le voir haranguer & repréſenter le Sénat; puys, que M. de la Valbonne paterniſe en cela qu'il eſt grandement conſcientieux, qu'il harangue heureuſement & fait fort bien toutes ſortes de compliments, qu'il préſide merveilleuſement bien & prononce avec beaucoup de grâce les arreſts, qu'il eſt fort docte, qu'il a eſté dix ans au Sénat, trois ans juge-maje & trois ans président icy, & que par ces degrés il s'eſt acquis une grande habitude à bien diſtribuer la juſtice; qu'il a environ 38 ans, aage de maturité & propre pour rendre beaucoup de ſervices. Et ainſy ſemblables choſes, leſquelles ſont fort véritables; de ſorte que ſans doute il n'y en a pas un au Sénat qui peut mieux ſuccéder que luy, car les uns ſont ſi vieux qu'ils n'en peuvent plus, les autres ſont bas de naiſſance & fort peu bien diſant, les autres n'ont pas tant d'eſtudes ni tant d'habileté. En ſomme, toutes choſes bien conſidérées, il n'y en a pas un qui puiſſe mieux nì certes ſi bien réuſſir en cette charge..... Or, tout cela doit être diſcrètement, ſagement & dextrement ſemé, comme pour préparatoire ès occurences. Et Monſieur le premier eſpère que le marquis de Valromey (1) contribuera bien, à cet effet, de ſon coſté. Et, partant, vous pouvez bien en conférer avec luy, mais il faut tenir le tout fort ſecret. Puys, M. le préſident eſtant icy,

(1) D'Urfé, l'auteur de l'*Aſtrée*. — D'Urfé, lié avec Favre, le fut également avec ſaint François de Sales. On lit ce qui ſuit dans le récit du transfert des reſtes de l'évêque de Genève de Lyon à Annecy : « Comme l'on continuait le chemin contre la ville de Saint-Rambert, voilà arriver en poſte Honoré d'Urfé, marquis de Valromey, baron de Virieu le grand, chevallier du grand ordre de Savoye, ayant des-ja faiƈt trois lieuës pour attaindre la proceſſion funèbre. Il fleſchit les genoux au milieu d'un bourbier, arrouſa la châſſe du defunƈt prelat de larmes très-amères, & fiſt à haute voix des prières à ſa bienheureuſe âme. » Charles-Auguſte de Sales, *Hiſtoire de ſaint François de Sales*, t. II, p. 270.

où il eſpère tousjours de venir bien toſt, il prendra réſolution de ce qu'il aura à faire, & ſurtout ſi vous me faites ſavoir s'il y pourroit avoir de l'apparence. »

Le témoignage que l'évêque de Genève rend ici de la perſonne & des talents d'un magiſtrat qu'il aimait tendrement, mais qu'il avait pu apprécier dans l'intimité de l'homme privé & dans l'exercice de fonctions publiques conſidérables, nous donne une haute idée de René Favre & nous perſuade aiſément que ſon renom perſonnel ſerait tout autre ſi l'illuſtration de ſon père n'eût abſorbé la ſienne.

Saint François de Sales ne vit pas ſe réaliſer l'avenir que ſon affectueuſe diplomatie s'était efforcée de préparer. Deux ans plus tard, René Favre, toujours préſident du Genevois, aſſiſtait aux funérailles du grand évêque, à la tête des magiſtrats de ſon corps (1).

Charles-Auguſte de Sales, dans la vie de ſon oncle, nous donne l'épitaphe que René compoſa pour le tombeau du glorieux ami qu'il avait perdu ſur la terre, mais qui l'aimait déſormais dans la ſource de l'amour même. Cette petite pièce doit trouver ſa place ici :

(1) Saint François de Sales mourut à Lyon le 28 décembre 1622. Son corps fut rapporté à Annecy, où ſes funérailles eurent lieu le 24 janvier ſuivant.

AETERNITATI.
HIC OBDORMIVIT ILLUSTRISSIMUS ET REVERENDISSIMUS
DOMINUS FRANCISCUS DE SALES,
EPISCOPUS ET PRINCEPS GEBENNENSIS,
NATALIBUS VERBIS, OPERIBUS, SCRIPTIS,
TOTO ORBI CLARUS ET CHARUS;
INTEGER CORPORE ET MORIBUS,
INTEGRE INTEGRAS VIRTUTES,
EASQUE SEMPER EASDEM HABUIT SEMPER IDEM;
OMNIUM AMANS ET AMOR IPSE,
PRINCIPUM DELICIAE, POPULI PARENS,
EPISCOPORUM DECUS AC LUMEN,
ET VERE CHRISTI APOSTOLUS VITA UT MUNERE,
EX VIRTUTIBUS ET IN VIRTUTIBUS PLANE COMPOSITUS.
SI PLURA VIS SCIRE,
NON HAEC, SED SUA SCRIPTA CONSULE ET ACTA,
IMO ET TOTUM ORBEM NUNC TOTUM ORBUM.
SICUT IN VITA SE TEGERE ATQUE SIC PROTEGERE,
ITA UT POST MORTEM SE ETIAM TEGERET,
IN HAC AEDICULA TEGI VOLUIT.
OBDORMIVIT IN DOMINO LUGDUNI,
DIE VIGESIMA OCTAVA MENSIS DECEMBRIS,
ANNO MILLESIMO SEX CENTESIMO VIGESIMO SECUNDO.
BENE MERENTI MŒRENS POSUIT RENATUS FABER,
SENATOR SABAUDUS ET GEBENNESIANUS PRAESES.

Saint Grégoire de Nazianze, que ſon tendre attachement pour ſaint Baſile a placé parmi les héros de l'amitié chrétienne, après la mort de celui qui fut le compagnon de ſa jeuneſſe à Athènes & de ſa ſolitude dans le Pont, n'avait pas de plus douce occupation que de s'élever à lui dans le ciel par la méditation des grandes vérités qui les avaient unis dans une foi commune. C'eſt ainſi que, depuis la mort de ſaint François de Sales, Antoine Favre partageait ſa vie entre l'étude des vérités ſublimes, dont la méditation le rendait à ſon ami en élevant ſa penſée aux cieux, & les travaux qui, après avoir fait le bonheur de ſa jeuneſſe & l'honneur de ſon âge mûr, devaient faire auſſi la conſolation de ſa vieilleſſe. Nous avons dit plus haut que, depuis ſon retour de Paris, le préſident Favre, malgré l'affaibliſſement de ſa ſanté, avait repris ſon travail ſur les Pandectes avec plus d'ardeur que jamais. Il devait en publier le dernier volume peu de jours avant ſa mort.

« Au mois de février 1624, lit-on dans l'*Hiſtoire du Sénat de Savoie* (1), le Sénat vit les forces du préſident Favre trahir ſon énergique volonté. Cet illuſtre magiſtrat, dont l'exactitude était proverbiale, put encore aſſiſter aux audiences juſqu'au 21 du mois. Le lendemain, il ſe mit au lit & ne le quitta plus. Il conſerva juſqu'au dernier moment la lucidité de ſon eſprit, & mourut en travaillant aux *Rationelles*, dans la nuit du 28 février au 1er mars, à l'âge de 67 ans. La perte de ce grand homme fut regardée comme une calamité publique. A Cham-

(1) T. I, p. 567.

béry, la consternation était générale. Tous les magasins se fermèrent spontanément; chacun croyait avoir à pleurer son père. On put appliquer à Favre ce mot de Tacite sur Agricola : *Finis vitæ ejus nobis luctuosus, patriæ tristis, extraneis etiam ignotisque non sine cura fuit.* »

Antoine Favre, pas plus que saint François de Sales, son ami, ne devait voir se réaliser le vœu qui lui était si cher. Son fils de la Valbonne ne fut point appelé à prendre sa place. Il eut pour successeur, à la tête du Sénat, Hector Milliet de Challes, que recommandaient au souverain le souvenir de son père, le grand chancelier Louis Milliet, non moins que ses propres services & comme magistrat à la Cour des comptes & comme ambassadeur auprès de Henri IV.

Mais les vicissitudes de la guerre devaient amener un peu plus tard, sur le siége du président Favre, l'un des hommes qui ont eux-mêmes le plus honoré la magistrature française. Claude Expilly, qui, étant président du Parlement de Grenoble, prononçait rarement d'arrêt notable sans l'appuyer sur quelque texte de Favre, allait être appelé à venir témoigner lui-même, du haut du siége qu'avait occupé ce grand homme, de toute l'estime qu'il s'était toujours honoré de professer pour lui.

La Savoie, nous l'avons déjà dit, dut à l'union du prince de Savoie avec Christine de France quelques années d'une heureuse paix. Malheureusement

1625 · 12 · Xbre

+

Christiana di Francia
Prencipessa di Piemonte.

Mag.co mio car.mo Havendo il conte Alessandro Monasterolo G.l S.r di costà havuto ordine da S. A. di condur il soccorso alla volta di Pigna che si è levato delle militie di costà parti, qui è necessario che voi vi ne stiate in Cuneo per dar ordine alle munitioni da viure che gli converrà mandar a questo et le altre cose che da lui vi saranno lasciate in nota, et di ogni v'andera comandando. A questo dunque attenderete con ogni più esatta diligenza come s'assicuriamo che farete. Che Dio vi guardi. Da Torino li 12 decemb. 1625

Christiana

la guerre allait se rallumer en Italie au moment même où elle semblait hors de toutes les prévisions.

L'Espagne avait longtemps cherché à s'emparer de la Valteline, dont la possession lui était indispensable pour passer d'Italie en Allemagne (1). Elle recommençait ses manœuvres. La Valteline, depuis 1510, appartenait aux Grisons, qui avaient embrassé la réforme, tandis que ses habitants étaient restés catholiques. Les Valtelins, enhardis par les agents de l'Espagne, livrèrent leurs places aux Espagnols & demandèrent à faire de nouveau partie du duché de Milan, dont ils n'avaient été détachés que provisoirement. Ce petit pays, qui peut être considéré comme un vaste camp retranché, fournit, de l'un à l'autre des Etats plus considérables qui l'environnent, les communications les plus courtes & les mieux couvertes. Les Espagnols ne pouvaient hésiter à s'emparer d'une position aussi essentiellement militaire & qu'ils convoitaient depuis longtemps.

Les lignes grises (les Grisons) ne se virent pas dépouillées sans crier à l'injustice. La France & le corps helvétique prirent fait & cause pour elles. Venise & les autres Etats de la Lombardie s'effrayè-

(1) La Valteline est une longue vallée des Alpes Rhétiennes, à l'extrémité septentrionale du lac de Côme, entre le Milanais, l'Etat de Venise & la Suisse. Elle sert de couloir pour descendre du cercle d'Autriche dans la vallée du Pô. L'Adda la parcourt dans toute sa longueur.

rent de voir l'Autriche, déjà ſi prépondérante dans la preſqu'île, ſe cantonner au milieu d'eux & donner, par la vallée de l'Adda, la main à ſes Etats de l'Allemagne. Le duc de Savoie n'était pas le dernier à reſſentir de telles inquiétudes. Tous ſe liguèrent contre l'ennemi commun. L'Eſpagne, de ſon côté, ſe ligua avec les petits Etats de l'Italie. Il s'enſuivit une guerre dans laquelle le prince de Savoie, Victor-Amédée, allié de Louis XIII & époux de ſa ſœur, Chriſtine de France, ſe rendit cher aux troupes françaiſes par ſa brillante valeur, & qui ſe termina par le traité de Monçon, conclu en Aragon, pendant l'hiver de 1625 à 1626, entre la France & l'Eſpagne, mais auquel Richelieu n'appela à participer ni le duc de Savoie ni Veniſe. Par ce traité, Philippe IV abandonnait ſes prétentions ſur la Valteline, laquelle rentrait au pouvoir des Griſons. Le motif qui avait allumé la guerre n'exiſtait plus; la paix remit les choſes dans le *ſtatu quo ante bellum*.

Mais l'Europe, dit Nani, comptait alors parmi ſes malheurs la rencontre de trois jeunes rois dont elle avait à dépendre preſque entièrement, tous trois ambitieux & puiſſants, tout à fait contraires d'intérêts & conformes ſeulement en ceci qu'ils laiſſaient la direction de leurs affaires à des premiers miniſtres : Richelieu gouvernait la France, Olivarès l'Eſpagne, Buckingham la Grande-Bretagne.

Charles-Emmanuel, malgré ſa politique aſtucieuſe,

fut souvent le jouet des deux premiers, qui semblaient ne l'attirer alternativement à eux que pour le brouiller avec la puissance rivale, & qui se raccommodaient ensuite à ses dépens, s'embarrassant peu de tenir ce qu'ils lui avaient promis (1).

Nous n'avons pas à faire ici l'histoire de ce prince, si grand par tant de côtés, si malheureux & peut-être si digne de l'être parfois sous tant d'autres, & que le pape Urbain VIII saluait comme le défenseur des libertés de l'Italie. Nous n'écrivons que la biographie de René Favre. Mais l'étude des hommes que l'on prétend juger exige une connaissance au moins sommaire des temps au milieu desquels ils vécurent, & dont on ne saurait les isoler sans s'exposer à méconnaître, aux dépens de la vérité, la part d'action que ces temps ont exercée sur eux. Nous croyons donc utile de présenter ici l'analyse rapide des événements pendant lesquels va s'effacer momentanément devant nous la personnalité de René Favre, jusqu'à ceux où nous le retrouverons mêlé aux actes du Sénat & à la vie publique.

Le duc de Mantoue, Vincent II, était mort devant le siége de la Rochelle, laissant une fille unique. Le duc de Savoie avait dès longtemps préparé le mariage de cette princesse pour un de ses fils, mais

(1) V. *Mémoires historiques sur la Maison Royale de Savoie*, par le marquis Costa de Beauregard, t. II. *Charles-Emmanuel Ier*.

une ſavante intrigue du cabinet français, conduite par M. de Saint-Chamont, ambaſſadeur de France, avait ſu prévenir cette prétention, & le duc Vincent, habilement entouré à ſes derniers moments, déclara le duc de Nevers ſon héritier univerſel. Ce duc de Nevers, ſon parent le moins éloigné, appartenait auſſi à la maiſon de Gonzague, mais par une branche établie en France & toute françaiſe. La jeune princeſſe fut tirée d'un couvent de Mantoue, où ſes oncles la tenaient renfermée, & fut mariée au duc de Réthel, fils du duc de Nevers, au pied même du lit du duc Vincent, qui expira quelques inſtants après. A peine cette union avait-elle été accomplie, que l'époux, déclaré lieutenant-général pour ſon père dans ſes nouveaux Etats, avait exigé & reçu le ſerment de fidélité des gouverneurs de toutes les places du Mantouan & du Montferrat. Le laiſſer libre poſſeſſeur de ces provinces, c'était évidemment les inféoder à la France, qui, maîtreſſe de Caſal, eût pu à ſon gré menacer Turin & rendre illuſoire l'indépendance de cette place. Le duc de Savoie, traverſé dans le projet d'union dont il s'était bercé pour ſa maiſon, menacé dans la ſécurité même de ſa capitale, ſe trouva naturellement incité à revendiquer ſes droits ſur le Montferrat & à ſe rapprocher de l'Empereur & de l'Eſpagne, leſquels étaient auſſi intéreſſés que lui à ne pas laiſſer une influence étrangère prendre pied au ſein de l'Italie. Bientôt les trois puiſſances furent en armes contre le nouveau duc de Mantoue. L'Empereur déclara que Charles de Gonzague, duc de Nevers, s'étant emparé d'un fief de l'empire ſans en recevoir l'inveſtiture de ſa main, s'en trouvait déchu, & fit occuper le Mantouan par une armée ſous les ordres du fameux Ambroiſe Spinola. Le duc de Savoie ſe rendit maître en même temps de toute la partie du Montferrat qui devait lui échoir en partage, tant pour ſes droits non conteſtés que pour ſes frais de guerre.

Richelieu, alors retenu par le ſiége de la Rochelle, ne put ſeconder la défenſe du duc de Mantoue que par d'habiles négociations à la cour de Vienne. Mais après l'heureuſe iſſue du ſiége de la Rochelle, il retrouva toute la liberté de ſes mouvements. Déterminé plus que jamais à enlever la Lombardie à l'Autriche, il dévoua à cette œuvre toutes les reſſources de ſon génie.

L'armée eſpagnole avait commencé ſes entrepriſes contre le duc de Mantoue depuis pluſieurs mois & tenait la ville de Caſal aſſiégée. Un français nommé de Guron avait été envoyé de la Rochelle pour la défendre. La ville, enveloppée de travaux, était menacée de ſuccomber à la famine. Un parti de Français, auſſi vaillants que Guron & dignes d'un tel chef, s'y maintenaient héroïquement, mais ils étaient trop faibles pour repousser toute une armée.

Richelieu crut de l'honneur de la France autant que de sa politique de marcher à leur secours. Le Roi parut à Grenoble. On était en plein hiver. Le duc de Savoie pensa que les Alpes le défendraient d'elles-mêmes, & compta sur des négociations pour gagner du temps. Il se trompait. Louis XIII en personne, suivi de son ministre, passe le mont Genèvre, encore chargé de neige, à la tête d'un corps considérable, &, descendant par les bords de la Doire, il se présente au *Pas de Suse* le 6 mars 1629 & fait demander au comte de Verue, qui le défend, si son maître veut le recevoir en ami ou en ennemi. « Les armes décideront de l'affaire, » répond le commandant piémontais. Ce formidable passage était défendu à droite & à gauche par des roches à pic, & en avant par trois rangs de barricades élevées de distance en distance & que séparaient des redoutes & des fossés. L'attaque semblait une affreuse témérité. Elle fut immédiatement commandée. Le roi voulut que ses mousquetaires se jetassent aux premiers dangers. Lui-même donnait l'exemple. Les maréchaux de Créqui, de Bassompierre, de Schomberg enlevaient tout ce qui se rencontrait devant eux. Le défilé, héroïquement attaqué & vaillamment défendu, fut enlevé en quelques heures.

Tandis que Louis XIII s'y montrait à tous les périls, Charles-Emmanuel, de ſon côté, tout appeſanti qu'il était par l'âge & ſouffrant de la goutte qui l'obligeait à ſe faire porter en palanquin, ſe montra toujours au plus fort de l'action. Le prince de Savoie, Victor-Amédée, aurait été tué, ſans un officier français qui, le reconnaiſſant, releva de ſon épée l'arme d'un mouſquetaire prêt à faire feu ſur lui à bout portant.

La ville de Suſe envoya ſes clefs au roi pour éviter l'extermination ou le ravage. Le duc de Savoie s'engagea à fournir des vivres à l'armée & à lui ouvrir les paſſages qui devaient la conduire ſur Caſal. La forteresſe de Suſe reſta entre les mains des Français à titre de garantie. A cette nouvelle, les Eſpagnols levèrent le ſiége de Caſal. L'expédition était finie. « Le Roi alla, vit & vainquit, » dit Rohan en ſes mémoires. Un traité de ligue entre Veniſe, le Pape, le duc de Savoie, le duc de Mantoue & la France avait été préparé à Veniſe par le comte d'Avaux, célèbre négociateur. Il fut ratifié. Le Roi, aviſant à la ſécurité de l'Italie, remit à Toiras le commandement de Caſal.

Cependant un an s'écoula ſans que la ſituation des choſes eût changé en Piémont. L'Empereur s'était réemparé de la Valteline & du pays des Griſons ; le duc de Mantoue ſe voyait de nouveau attaqué par les Eſpagnols, & tout faiſait préſumer que Casal ne tarderait pas à se voir plus vivement pressé que jamais. Mais Richelieu avait l'œil sur tous ces périls. Ce fut dans ces circonstances que Louis XIII le créa son premier ministre & son lieutenant-général, représentant sa personne aux armées, avec de tels pouvoirs que les courtisans disaient entre eux que le Roi ne s'était réservé d'autre privilége que celui de guérir les écrouelles.

Arrivé à Suse avec tout le cortége d'un général d'armée, il fit sommer le duc de Savoie, par le duc de Créqui qui commandait les troupes françaises dans la vallée de Suse, de tenir le traité de la ligue & de se joindre au Roi pour combattre les Autrichiens. Le duc répondit que, *relevant de l'Empire*, il ne pouvait s'armer contre l'Empereur, & demanda à rester neutre. Richelieu vit qu'on voulait laisser aux Impériaux le temps d'enlever Mantoue & Casal. Il rompit les conférences & fit avancer l'armée sur la Doire. Il se préparait, selon Guichenon, à faire enlever Charles-Emmanuel & son fils au château de Rivoli, où ils s'étaient avancés pendant les négociations, & à les envoyer dans quelque forteresse en France. « Le coup ne manqua, dit le même auteur, que par la générosité du duc de Montmorency, qui s'opposa, dans le conseil, à un acte qu'il considérait comme une félonie, & qui fit prévenir le duc de Savoie qu'il eût à se tenir sur ses gardes. »

Richelieu & Créqui avaient laissé croire qu'ils marcheraient sur Turin, & Charles-Emmanuel avait dégarni Pignerol. Ce fut sur cette dernière place que se précipita l'armée française. Le siége fut rapide. La ville, investie le 20 mars, fut prise trois jours après; la citadelle capitula le 29. La perte inopinée d'une place aussi importante porta un coup mortel aux affaires du duc & l'affecta douloureusement. Il comprenait trop bien que la possession de Pignerol assurait aux Français une libre communication avec le Dauphiné & leur ouvrait un accès dans ses Etats.

Pendant que Charles-Emmanuel perdait Pignerol, & que la guerre continuait en Piémont sous les ordres du maréchal de la Force, Louis XIII arrivait le 12 mai, en personne, sur la frontière de Savoie, décidé à pousser rapidement la conquête du pays. Le monarque français marchait à la tête d'une armée de vingt mille hommes, accompagné de la plus brillante noblesse.

Chambéry capitula le 14, & le 17, à huit heures du matin, Louis XIII y faisait son entrée. Annecy ouvrit ses portes au maréchal de Châtillon le 23, & le château capitula le 24, après avoir obtenu les honneurs de la guerre. Le fort de l'Annonciade fut pris & rasé, ainsi que l'ancien château de Rumilly & les murailles d'enceinte de cette ville. Louis XIII était à ce siége.

L'occupation françaiſe de la Savoie ne devait précéder que de très-peu de temps la mort de Charles-Emmanuel. Le maréchal de la Force s'étant rendu maître de Saluces, le fort de Saint-Pierre, le château de Breſol, toute la vallée ſe ſoumirent. Le duc de Savoie ſe porta ſur Savigliano, décidé à tenter le ſort d'une bataille. Mais, ſous l'impreſſion de ces fâcheux événements, il fut frappé d'apoplexie à Savigliano même.

Ses derniers regards voyaient la Savoie perdue; Suſe & Pignerol, les deux clefs de ſes Etats, au pouvoir des Français; le Piémont foulé à la fois par des armées allemandes, eſpagnoles & françaiſes. Accablé de triſteſſe & de ſombres prévisions, il expira le 26 juillet 1630, le cœur déchiré & pleurant ſur l'Italie.

Un des premiers actes de Louis XIII, à ſon entrée à Chambéry, fut l'inauguration de la juſtice. Il fit table raſe du Sénat & de la Cour des comptes & mit à leur place un conſeil ſouverain compoſé d'un préſident, de huit conſeillers & d'un procureur général. Claude Expilly, préſident du Parlement de Grenoble, déſigné par le Roi pour préſider la Compagnie, voulut s'en excuſer, prétextant ſon grand âge (il avait ſoixante-neuf ans); mais il dut obéir au commandement exprès du ſouverain (1).

(1) *Hiſtoire du Sénat de Savoie*, t. I, p. 478.

Le conseil souverain institué par Louis XIII tint ses premières audiences au commencement de juin 1630. Selon Boniel de Catilhon, biographe d'Expilly (1), « cette illustre compagnie s'acquitta si dignement de son devoir pendant les treize mois qu'elle administra la Savoie, que les habitants ne souffrirent presque aucune des incommodités ni des désagréments que la guerre traîne ordinairement après soi. » Selon le même auteur, après en avoir reçu les félicitations de Louis XIII, lequel en écrivit à la compagnie *qu'il en demeurait si content qu'il ne s'y pouvait rien ajouter*, Expilly entendit le duc Victor-Amédée Ier, entouré de sa cour, le féliciter à son tour en ces termes : « Monsieur le président, je me sens obligé de publier bien hautement & partout que vous vous êtes si bien comporté dans l'emploi que vous avez eu dans mes Etats de Savoie, que vous y avez parfaitement bien servi le Roi votre maître & m'avez donné tout sujet de me louer de vous. Dieu veuille que les juges que j'y ai mis & que j'y mettrai suivent votre exemple & qu'ils y fassent aussi bien leur devoir. »

A la restitution de la Savoie à son souverain, les membres du conseil provisoire de Chambéry, nommés par Louis XIII, suivirent l'armée française dans

(2) *La vie de messire Claude Expilly*, par Mᵉ BONIEL DE CATILHON, avocat-général de S. M. en sa Chambre des comptes & Cour des finances du Dauphiné. Grenoble, 1660.

ſa retraite, & la plupart d'entr'eux reprirent leurs anciens ſiéges aux Parlements dont ils avaient fait partie (1).

Pendant l'occupation étrangère, le premier préſident du Sénat, Hector Millet de Challe, s'était retiré dans la vie privée & vivait à la campagne. Le prince Thomas ayant été envoyé à Chambéry par le duc de Savoie, ſon frère, Victor-Amédée Ier, comme gouverneur des provinces ſituées en deçà des monts, plaça Millet à la tête d'un conſeil d'Etat mixte, chargé d'adminiſtrer la juſtice civile & criminelle & de régler les queſtions de finances. Ce conſeil d'Etat ſiégea juſqu'au mois d'avril 1632, époque où le Sénat fut appelé par le prince Thomas à reprendre ſes fonctions comme par le paſſé.

A peine le Sénat était-il réinſtallé, que les plus regrettables diſſenſions éclatèrent dans la maiſon de Savoie.

Les princes cadets de Savoie & la ducheſſe douairière de Montferrat leur ſœur, excités ſous main par la cour d'Eſpagne, où les deux premiers avaient été

(1) La paix avait été ſignée à Ratisbonne, le 3 octobre 1630, entre la France, l'Empire & la Savoie. Mais cette paix, qui ne ſatisfit perſonne, fut ſuivie du traité de Cheraſco, conclu le 6 avril 1631, qui établit une ligue entre la France & la Savoie, mais en faiſant payer cher à cette dernière l'appui que la France lui promettait, notamment par la ceſſion de Pignerol. Ce ne fut qu'en exigeant que cette place reſtât à la France, que Richelieu conſentit à l'évacuation des garniſons françaiſes.

Il Duca di Savoia Re di Cipro G.

Dechiariamo con il presente d'hauer riceuuto dal Baron Gioachino Doppie Cento Cinquanta Italia quali ci ha sborsato per Donatiuo in occasione della nuoua Censa della Gabella generale de Sali qual hauerà principio al primo dell'Anno uenturo 1669, per quali lo quittiamo, In fede Dat. in Moncag. li 30. 7bre 1668.

Carlo Emanuel

élevés & avec laquelle ils avaient conſervé des relations, ne ménagèrent plus leur oppoſition tracaſſière au gouvernement de leur frère. C'était ſur l'eſprit français introduit à la cour qu'ils rejetaient tous les malheurs de leur Maiſon. Ils ne pouvaient ſupporter, ſans une jalouſie toujours prête à ſe manifeſter, la poſition que s'était acquiſe leur belle-ſœur, Chriſtine de France, à qui ſes charmes & la vigueur de ſon eſprit donnaient ſur ſon époux un aſcendant que leur ambition redoutait autant que leur amour-propre. Bientôt ils ſe prononcèrent pour l'Eſpagne. Le prince Thomas quitta la Savoie, dont il avait le gouvernement en qualité de lieutenant-général, & ſe jeta en Franche-Comté pour de là ſe rendre en Flandre, où il fut nommé général en chef de l'armée eſpagnole. Le cardinal Maurice s'enfuit à Rome, où l'appelait plus particulièrement ſa dignité. La douairière de Montferrat, leur ſœur, ſe rendit en Eſpagne, où elle fut revêtue de la vice-royauté du Portugal (1).

Don Félix, frère naturel de Victor-Amédée, ſuccéda au prince Thomas dans le gouvernement de la Savoie.

Victor-Amédée, indigné de cette défection de famille, qui le compromettait, en outre, avec la

(1) Marquis Coſta de Beauregard, *Mémoire hiſtorique ſur la Royale Maiſon de Savoie.*

France, fit saisir les revenus du prince Thomas & dépouilla de leurs emplois & de leurs biens tous ceux de ses sujets qui s'étaient attachés à sa fortune.

Cependant, quatre années s'étaient à peine écoulées depuis la paix de Ratisbonne, que Louis XIII déclara la guerre à Philippe IV & força la Hollande & la Savoie à s'unir à lui contre les Espagnols. Victor-Amédée avait acheté la paix trop cher pour ne pas en désirer la continuation ; il aspirait à rester neutre. Mais Richelieu le somma impérieusement de se déclarer l'ami ou l'ennemi de son maître. Il le flattait en même temps que si leurs efforts réunis parvenaient à chasser la puissance autrichienne de la Lombardie, il le mettrait en possession de tout le Milanais, auquel il ajouterait le reste du Montferrat, en échange de la Savoie, laquelle serait alors définitivement réunie à la France. Le dessein de Richelieu était de faire de la ligne entière des Alpes une des limites de la France, & de tenir à travers ces mêmes montagnes des passages toujours ouverts pour entrer en Italie à la première occasion favorable (1).

De ces projets, basés sur des conquêtes à faire, Victor-Amédée ne connut que les sacrifices & les

(1) Marquis Costa de Beauregard, *Mémoire historique sur la Royale Maison de Savoie.*

charges. Le 7 octobre 1637, atteint d'un mal subit & imprévu, il expirait à Verceil, au milieu des plus vives douleurs, laissant deux fils & quatre filles en bas-âge, sous la régence de la duchesse Christine.

Cette régence fut maintenue, grâce surtout à l'influence française. Mais Richelieu voulait plus : il ne tendait à rien moins qu'à s'assurer de la personne de Christine & de celle de ses enfants, sous le prétexte de faire élever ces derniers à la cour de France, &, en réalité, pour disposer librement du pays pendant leur minorité.

Christine sut échapper à ces projets ourdis avec toute l'habileté de celui qui en voulait la réussite; mais elle n'y échappa qu'à force de sagacité, de vigilance & de fermeté. Elle se traça une ligne de conduite dont rien ne put la faire dévier. Forcée de considérer les Français comme ses appuis contre un parti puissant, elle ne laissa point convertir en dépendance absolue la protection qui n'était déjà que trop une entrave à la liberté de ses mouvements. Pleine d'une juste méfiance contre l'impérieux ministre qui voulait l'annuler & régner pour elle comme il régnait pour son frère le roi de France, elle n'opposa pas la colère à l'injustice, mais elle s'arma de patience contre ses insolents procédés & ceux de ses agents. Elle en usa de même envers ses beaux-frères, tempérant avec une rare habileté la passion haineuse qui les dominait.

François-Hyacinthe ſurvécut à peine d'un an au duc Victor-Amédée ſon père, & ce court eſpace de temps avait ſuffi à la régente pour faire beaucoup eſpérer de ſa ſageſſe & de ſon patriotiſme.

Les princes Maurice & Thomas, que nous avons vus s'enfuir de la cour de leur frère & ſe jeter dans un parti contraire au ſien, travaillaient de loin à s'en former un à eux-mêmes dans leur patrie.

Le premier ſoin de Chriſtine, à la mort de ſon époux, fut de les conjurer avec une dignité touchante de ſe rapprocher d'elle, — du roi de France ſon frère & ſon protecteur, — de la ſeconder enfin, ou du moins de ne pas la traverſer dans ſes efforts pour conſerver intacts les Etats de ſon fils. Elle leur promettait, en ce cas, non-ſeulement de les faire jouir de leurs revenus, mis depuis longtemps en ſéqueſtre, mais encore de leur tenir compte des arrérages & de leur donner, dans le gouvernement de l'Etat, une part digne de leur naiſſance.

Les princes repouſſèrent des propoſitions auſſi ſenſées, pour ne prendre conſeil que de leur jalouſie & de leur ambition (1).

Cependant, ſelon le comte Cibrario, le prince Maurice, à la mort du duc Victor-Amédée, quitta Rome & ſe rendit à Savone, d'où il expédia l'abbé Soldati à Madame Royale, avec miſſion d'en obtenir

(1) Marquis Coſta de Beauregard, *Hiſt. de la R. Maiſon de Savoie.*

une conférence, lui protestant qu'il venait à elle avec l'intention de s'en remettre à ses volontés. Son véritable projet aurait été de lui offrir sa main & de devenir son époux, soit que son cœur fût resté sous l'empire des charmes de Christine, depuis qu'au nom de son frère il était allé la fiancer à Paris, soit que la raison d'Etat fût sa seule conseillère en cette circonstance.

Maurice, esprit cultivé, Mécène des hommes de lettres, fondateur d'académies, était, plus encore que son frère Thomas, bien vu & désiré du peuple. Le Père Monod, confesseur de la Régente, poussait vivement Madame Royale à recevoir son beau-frère; mais cela était contraire aux projets de Richelieu, qui fit si bien qu'il parvint à l'en détourner, & Maurice dut retourner à Rome (1).

A la mort du jeune prince François-Hyacinthe (2), les princes Maurice & François, ses oncles, ne laissèrent plus de doute sur leur dessein formellement arrêté de se saisir des rênes de l'Etat & de profiter de la minorité de leur neveu pour enlever la régence à leur belle-sœur.

Maurice quitta de nouveau Rome & s'avança

(1) *Origini e progresso delle instituzioni della Monarchia di Savoia*, di L. Cibrario.

(2) Valeriano Castiglione affirme sérieusement que cette mort fut annoncée *par la chute d'une salière à table & l'apparition d'une comète chevelue près de l'Astigiano.*

jusques à Chieri, correspondant de là avec les gouverneurs de Turin & de Carmagnole, qu'il avait su gagner, & attendant qu'ils fussent en mesure de lui livrer leurs places.

Mais la Régente sut déjouer ces projets, en remplaçant les affidés du prince par des hommes sur lesquels elle pouvait compter. Le prince lui-même fut arrêté à Chieri & reconduit, sous l'escorte des cuirassiers de la garde, jusqu'aux frontières du Milanais.

Le prince Thomas, accourant de Flandre, arriva à Milan le jour même où son frère arrivait de Chieri. Réunis au marquis de Leganez, gouverneur espagnol, ils concertèrent un plan pour chasser les Français du Piémont & pour s'en rendre maîtres eux-mêmes. Ensuite de ce plan, la duchesse Christine devait être dépouillée de la régence & les princes devaient en être investis à sa place. Ces derniers publièrent alors un manifeste de l'Empereur, lequel, en affectant de nommer des tuteurs aux feudataires de l'Empire, défendait à tous les sujets de la maison de Savoie de reconnaître, jusqu'à nouvel ordre, d'autre autorité que la sienne. Des circulaires, dans cet esprit, furent adressées à tous les gens en place, ministres, généraux, évêques, chefs de la magistrature. On répandit des bruits injurieux sur la Régente, dont on calomnia les projets & les mœurs. Enfin, au mois de mars 1639, par une dépêche datée de Milan, le prince Thomas engagea la querelle en déclarant à sa belle-sœur qu'il regardait la régence de l'Etat comme appartenant de droit au prince Maurice & à lui, & qu'ils étaient résolus à soutenir leurs droits par la force des armes. Cette déclaration trouva la duchesse inébranlable & ne modifia en rien ni ses résolutions, ni les dispositions qu'elle avait prises pour en assurer le maintien.

Mais les voies de fait qui succédèrent immédiatement au conteste eurent le premier effet de toute guerre civile : ils jetèrent le trouble dans les esprits, soit en Piémont, soit en Savoie, & les magistrats eux-mêmes ne purent se soustraire à l'influence des passions politiques qui éclatèrent au bruit des armes.

L'auteur de l'*Histoire du Sénat* fait le tableau suivant, aussi précis que bien tracé, de la situation générale au moment où commença la guerre civile :

« L'Espagne cherche à dominer en Piémont par le moyen du prince Thomas & du cardinal Maurice, qui font cause commune avec l'Empereur. La France use de son ascendant sur une princesse qui lui est attachée par les liens de famille, pour l'engager à conduire le jeune duc à la cour de Louis XIII & à l'y faire élever. A ces prétentions opposées, la duchesse répond par une attitude décidée, qui fait comprendre qu'elle ne veut pas vivre sous la dépendance de Paris, ni ſous celle de Madrid. Quoique fière d'être la fille de Henri IV, elle ſe défie des Français & répond à toutes les ſuggeſtions de Richelieu : « Je veux conſerver ma liberté. » En Savoie, les camps ſont nettement deſſinés ; quelques magiſtrats eux-mêmes prennent parti pour la ducheſſe ou pour ſes beaux-frères. La cauſe du prince Thomas & du cardinal Maurice, perſonnellement ſympathique à la Savoie, entraîne tous les eſprits qui, craignant la prépondérance françaiſe, ſuppoſent que la main d'une femme ſera inhabile à diriger les rênes de l'Etat & qu'elle deviendra le docile inſtrument du miniſtre de Louis XIII. La fidélité, la foi & l'avenir de la dynaſtie enchaînent les autres au parti de la ducheſſe (1). »

La guerre civile, commencée en 1639, devait durer juſqu'en juillet 1641 avec des péripéties ſans nombre, au milieu deſquelles Chriſtine ſe montra conſtamment la même, luttant avec une égale fermeté contre les ſéductions & les menaces dont ſon *protecteur* Richelieu uſait tour à tour, & contre l'ambition de ſes beaux-frères ſoutenus par l'Eſpagne. Toujours armée de ſon cœur de mère, elle y joignit ſouvent le génie de l'homme d'Etat & ſut tranſmettre intact à ſon fils un héritage que ſe diſputaient la France & l'Eſpagne.

(1) *Hiſtoire du Sénat*, t. II, p. 16.

Les princes finirent par s'apercevoir que le cabinet de Madrid était bien moins préoccupé de leur intérêt que du sien propre. Mais, malgré le changement qui s'était opéré dans leurs dispositions, la paix ne fut définitivement signée entre eux & la Régente que le 14 juin 1642. Le traité en fut enregistré au Sénat un mois après & publié dans toute la Savoie. Le cardinal Maurice n'avait point été engagé dans les ordres; son mariage avec la princesse Louise-Marie, fille aînée de Christine, fut le gage de cette réconciliation trop tardive.

La vaillante fille de Henri IV conserva la régence, mais non tout à fait sans une certaine participation de ses beaux-frères, qui, pour obtenir que la France rendît les places de sûreté par elle occupées, dûrent abandonner le parti espagnol & passer sous le drapeau français. Le prince Thomas prit le commandement de l'armée française, & les succès multipliés qu'il obtint contre les Espagnols, ses anciens alliés, en achevant de ruiner leurs affaires, le mirent en haute faveur auprès du cardinal. Esprit dangereux par ses qualités mêmes, & naturellement porté aux intrigues, ce prince, jusqu'à la fin de sa vie, devait abreuver sa belle-sœur de dégoûts sans nombre; mais l'histoire ne l'en range pas moins parmi les plus braves & les plus habiles capitaines de son temps.

La guerre civile était terminée; les armes étaient

tombées des mains rivales ; mais la paix n'était point encore dans les esprits. Les passions qui les avaient animés ne s'apaisaient que peu à peu. Des années s'étaient écoulées depuis que la paix avait été signée entre la Régente & ses beaux-frères, & l'on s'apercevait encore en Savoie des sympathies que la cause des princes était autrefois parvenue à s'y concilier en s'y présentant comme la cause nationale. Christine n'ignorait pas ces dispositions & croyait les rencontrer surtout parmi les magistrats, chez lesquels les princes avaient laissé la mémoire des relations les plus aimables.

A cette époque, René Favre, tout en ayant conservé son rang au Sénat, exerçait à Annecy les fonctions de président du Conseil de Genevois. On ne voit pas qu'il se soit mêlé aux agitations politiques; mais il avait conservé de ses voyages en France avec son père, & des circonstances qui lui avaient permis de contempler de près les grandes figures des magistrats français de cette époque, un souvenir plein d'admiration & de reconnaissance. La Régente, de son côté, n'avait pas oublié quelle part le président Favre avait eue à la négociation de son mariage; elle avait été témoin de l'éclatante justice rendue par les hommes les plus éminents au caractère & au savoir de ce grand magistrat ; elle savait, en un mot, tout ce que valait & tout ce que lui promettait l'illustre nom de Favre. Elle se montra reconnaiſſante & juſte en continuant à René l'honorable confiance que la famille de ce magiſtrat avait ſucceſſivement obtenue de ſes ſouverains.

A peine Antoine Favre avait-il été placé à la tête du Sénat, que ſa penſée s'était portée ſur les améliorations à introduire dans l'adminiſtration de la juſtice & particulièrement ſur l'abréviation des procès (1). C'eſt lui qui propoſa, comme le plus ſûr moyen de diminuer les procès, que tout procès fût précédé d'une *tentative en conciliation*. Ces améliorations avaient également formé la préoccupation de ſaint François de Sales, qui avait étudié la juriſprudence & avait refuſé le ſiége de ſénateur auquel il avait été appelé par le duc de Savoie. Ce fut ſous l'inſpiration de ces grands eſprits que René Favre, l'élève de tous les deux, avait fait une étude particulière des perfectionnements que la juſtice de ſon pays lui ſemblait le plus particulièrement appeler. Par une lettre en date du 30 mars 1620, il écrivait à Charles-Emmanuel : « Ayant vu que V. A. « avait un ſingulier déſir de pourvoir au repos de « ſes Eſtats ſur la multiplicité & grand nombre des « procès qui travaillent le public, j'ai treuvé certain « moyen aſſeuré pour en ſupprimer manifeſtement « la plus grande partie & abréger ceux commencés

(1) Lettre inédite du préſident Favre à Charles-Emmanuel, du 28 décembre 1610. (Archives de la Cour à Turin.) — *Hiſtoire du Sénat*, t. I, p. 682.

« par néceſſité..... Dieu en ſera ſerui & votre « mémoire bénie à jamais, ſi V. A. veut departir « ſon advis & authorité & me commander de les « lui ſaire entendre. »

Il paraîtrait qu'il ne fut pas alors donné ſuite à la propoſition de René Favre. Mais l'ayant repriſe ſous Chriſtine, à la pacification de l'Etat, cette princeſſe le manda auprès d'elle à Turin. Elle comprit, après l'avoir entendu, tout ce qu'avait d'utile le travail que préparait le laborieux préſident du Genevois; mais elle comprit en même temps que ce travail lui offrait à elle-même l'occaſion de faire entendre certaines vérités aux magiſtrats dont elle croyait avoir à ſe plaindre. Elle tranſmit ſes inſpirations à l'auteur & accepta d'avance la dédicace de l'ouvrage.

Le livre de René Favre, dédié à la princeſſe & accompagné d'une chaleureuſe approbation de l'évêque de Genève (1), fut imprimé à Annecy & parut au mois de mai 1646, ſous le titre qu'on y lit encore aujourd'hui.

Mais, avant d'en lire l'hiſtoire telle que nous l'ont fournie les documents que nous ſommes parvenu à raſſembler, nos lecteurs regarderont certainement comme une bonne fortune de trouver ici l'éloquente

(1) Charles-Auguſte de Sales, fils du comte Louis de Sales, neveu de ſaint François de Sales & ſon troiſième ſucceſſeur à l'évêché de Genève.

& faine appréciation qu'en a donnée un honorable magiftrat, alors avocat-général & aujourd'hui préfident à la Cour impériale de Lyon, dans un difcours de rentrée qui fixa vivement l'attention publique (1) :

« Le livre eft divifé en quatre parties. La première eft intitulée : *Propofitions faites d'un reiglement pour fupprimer les plus fréquentes matières des procès qui s'intentent par-devant les Tribunaux de juftice.* C'eft un projet de loi fur diverfes matières du droit civil. On y remarque particulièrement, fur les teftaments, fur la preuve teftimoniale & fur la publicité dans la tranfmiffion des immeubles, des difpofitions excellentes qui ont paffé dans les légiflations modernes.

« Diverfes propofitions réglementaires de la procédure, & qui toutes ont pour but *l'accélération & l'abréviation des procès*, compofent la feconde partie.

« La troifième doit nous arrêter plus longtemps. C'eft une forte d'inftruction adreffée aux princes fur les qualités à exiger de ceux qu'ils appellent aux fonctions de magiftrature. L'auteur réfume en deux mots ces qualités : Les magiftrats doivent avoir *l'efprit fort & la confcience tendre.*

(1) Audience folennelle de rentrée de la Cour impériale de Lyon, le 4 novembre 1862. — LE BIEN PUBLIC *pour le fait de la juftice*, par René Favre, DISCOURS PRONONCÉ PAR M. ONOFRIO, avocat-général.

« Il s'occupe ſpécialement ici de ce qui concerne l'eſprit. Il veut d'abord que le magiſtrat ſoit *docte & ſavant aux principes & textes de la juriſprudence & aux communes opinions des docteurs*. René Favre était fermement attaché à l'ancienne doctrine, qui voulait que toute controverſe fût réſolue par l'opinion de la majorité des docteurs. C'eſt, ſuivant lui, *un erreur abominable & pernicieux aux âmes & aux biens de croire & publier qu'on puiſſe juger en conſcience, ſelon l'opinion ſingulière d'un docteur, pour fameux qu'il ſoit.* Quant au magiſtrat qui *s'arrête à ſon petit jugement & à quelque équité cérébrine & chimérique, au lieu de profonder l'affaire dans une grande circonſpection dans les livres & la lecture des matières*, René Favre n'a pas aſſez d'anathèmes pour lui. Il admet cependant qu'au cas où l'on verrait une évidente équité, au contraire de l'opinion commune des docteurs, on pourra faire l'arrêt ainſi ; mais il veut que ce ſoit alors à une grande majorité, comme celle des trois quarts des voix, de ſorte que, dans ce cas, les morts illuſtres de la ſcience opinent encore avec les juges de la cauſe & ne ſuccombent que ſous le grand nombre.

« L'exagération manifeſte de cette doctrine appartient au temps de l'auteur bien plus qu'à lui-même. Mais je ne puis la rencontrer ſur ma route ſans ſonger à l'importance qu'avait encore, à la fin du XVIe ſiècle, l'étude de la juriſprudence, importance qui depuis eſt allée toujours en décroiſſant. Cette ſcience des choſes divines & humaines, cette ſœur de la théologie, formait alors le complément obligé de toutes les éducations libérales. Son étude était une préparation indiſpenſable à la vie publique. Les leçons des juriſconſultes célèbres avaient le caractère de véritables ſolennités ; les villes ſe les diſputaient, & les élèves accouraient des extrémités de l'Europe pour les entendre. La décadence que nous ſommes forcé d'avouer a ſans doute des cauſes diverſes. Il ſerait injuſte d'en accuſer les derniers maîtres de la ſcience. Si l'enſeignement du droit a pris & gardé chez nous un caractère peu élevé, les efforts n'ont pas manqué, dans ces derniers temps, pour lui rendre ſon éclat ; mais ils ont été à peu près inutiles. N'eſt-ce pas l'eſprit même de nos jours qui a ainſi fait tomber la ſcience de Cujas, de Dumoulin & de Domat? Si l'ancienne doctrine avait comme enchaîné la juriſprudence, en la plaçant ſous le pouvoir preſque abſolu d'une ariſtocratie glorieuſe, l'eſprit moderne ne lui a-t-il pas porté un coup encore plus funeſte en l'émancipant outre meſure? N'eſt-ce pas parce qu'elle a été ſouſtraite à toute tradition ſupérieure que ſon étude s'eſt réduite à la lecture des textes, avec le mince approviſionnement de quelques règles que chacun va puiſer à des ſources diverſes & qu'on décore du nom de principes après les avoir ſophiſtiquées à ſon gré?

« René Favre ne demande pas ſeulement pour ſon magiſtrat le ſavoir. Il faut qu'il ait en outre « un bon ſens commun, c'est-à-dire un bon juge- « ment naturel & une judicieuſe application de la « ſcience ; car autrement toutes les doctrines ſervi- « raient plus à mal qu'à bien, ainſi que ferait un « couteau entre les mains d'un enfant ou d'un « furieux. »

« L'expérience eſt auſſi néceſſaire au magiſtrat, « y ayant grande différence entre la ſcience ſpé- « culative & la pratique, » & « ces deux facultés « ſe devant joindre tellement l'une avec l'autre, « qu'elles ne ſervent guères ſi elles ſont ſéparées. » Il doit être éprouvé d'abord dans l'uſage du barreau, & ne doit être mis en office de judicature ſouveraine qu'après avoir été rompu en l'exercice de quelque judicature inférieure.

« L'auteur veut encore que le magiſtrat ait reçu une éducation relevée : « car il faut qu'il ait un « eſprit ſans aucune bizarrerie, ſans fougue, ſans « impatience & ſans paſſion, ains raſſis & toujours « chez ſoi, ſe poſſédant paiſiblement en toutes « occaſions. » Favre va même, & en cela il peut paraître exigeant, il va juſqu'à déſirer que le juge *ſoit de bonne mine*, pour ſe rendre plus vénérable, afin que ſes dehors ſoient l'image des qualités de ſon eſprit.

« Cette partie du livre a des morceaux d'une

véritable éloquence. Les conséquences funestes de l'ignorance du juge y sont représentées en un tableau saisissant, & en le terminant Favre s'écrie : « O que « de juges sçauront devant Dieu leur condamna- « tion à cause de leur lourde & affectée ignorance, « & parce qu'à l'exemple des enfants de Zébédée, « ils ont voulu seoir à la dextre & gauche du prince « dans les magistratures, sans sçavoir l'importance « des charges qu'ils auront téméraireinent recher- « chées & obtenues ! O combien de gens, plus ambi- « cieux & avaricieux que sçavants en cette profes- « sion, diront avec le sénateur italien à l'heure de la « mort : Pleust à Dieu que je n'eusse jamais jugé ! »

« Ailleurs, Favre compare ingénieusement les fautes du commun peuple à celles d'une cloche, « laquelle sonne tant de coups qu'on voudra, sans « que personne y vienne n'y retreuve à redire, « parce qu'elle n'a pas le son n'y son battement « reiglé & astreint à un certain nombre ; tandis que « les fautes du magistrat sont semblables à celles « d'un horloge, qui doit-être adjusté aux coups qu'il « donne ; & s'il vient à en donner seulement un « de plus, chacún y prends garde, & dit-on qu'il « va mal & qu'il n'est pas juste. »

« Les qualités qui doivent ainsi constituer pour le magistrat ce que Favre appelle un esprit fort, tiennent presque toute cette portion du livre. Il s'arrête peu ici à celles qui regardent la conscience.

Dans un diſcours qu'il prononça à l'ouverture du Conſeil & Préſidial du Genevois en 1646, il les a toutes exprimées en une ſeule, la crainte de Dieu. « Mais il faut, dit-il, que cette crainte ſoit ſolide, « efficace & actuée à chaque diſtribution que nous « en faiſons, & que, devant que d'arreſter nos déci- « ſions, nous rentrions dans nous-mêmes pour y « voir la préſence de Dieu & la paix de nos cœurs « avec les paſſions. »

« C'eſt par la reproduction de ce diſcours qu'il a terminé ſa troiſième partie, où il a placé en outre des obſervations intéreſſantes ſur la tenue des audiences, & quelques propoſitions pour la réforme de l'adminiſtration de la peine criminelle.

« Après avoir enſeigné aux princes quelles qualités ils doivent rechercher dans ceux auxquels ils donnent l'inſtitution de magiſtrature, il faut enſeigner aux magiſtrats comment ils conſerveront ces qualités, comment ils les feront tourner au bien public. C'eſt l'objet de la quatrième partie, la plus originale & la plus intéreſſante du livre. C'eſt là que, s'occupant du caractère, Favre indique ce que doit faire le magiſtrat, ce qu'il doit éviter; & cet enſeignement, il l'a mis ſous la forme d'examens de conſcience, parce que, ſuivant lui, faire cet examen fréquemment eſt pour le magiſtrat un des principaux moyens d'acquérir la perfection dans l'exercice de ſes charges.

« Or, un examen en termes généraux ne ſuffit pas ; il faut deſcendre aux menues intentions : *la moindre taſche ſe cognoit ſur la pourpre.* Auſſi entre-t-il dans tous les détails que ſa longue expérience lui permet de ſignaler.

« Il a des examens de conſcience ſpéciaux pour toutes les fonctions de magiſtrature, pour toutes les profeſſions & toutes les actions qui ſe rapportent à la juſtice : pour le ſimple juge, pour le préſident, pour les officiers du miniſtère public, pour l'avocat, pour le procureur, pour le greffier, pour le notaire, pour tous les aides de juſtice, pour les plaideurs eux-mêmes.

« Dans chacun de ces examens ſe trouve d'abord ce qui eſt relatif aux diſpoſitions dans leſquelles on eſt entré en charge & à l'obſervation du ſerment. — Eſt-on entré en office avec la capacité ſuffiſante pour pouvoir diſpoſer de l'honneur, de la vie & des biens d'autrui ? — Y eſt-on entré avec ferme réſolution de n'épargner perſonne, de quelque condition qu'il puiſſe être ? — A-t-on obſervé exactement ce qu'on a juré de faire en ſa charge ? — Voilà les premières queſtions que Favre adreſſe à ceux qu'il examine. L'examen du ſimple juge eſt de tous le plus développé, comme celui qui embraſſe, avec certains devoirs particuliers, les devoirs généraux du magiſtrat.

« Toutes les fautes y ſont prévues & notées avec

une connaiſſance approfondie des dangers auxquels eſt expoſé celui qui juge ſes ſemblables. Il en eſt pluſieurs qui ſe rapportent aux conditions particulières dans leſquelles s'exerçait la juſtice au temps & dans le pays de l'auteur; mais la plupart ont leur principe dans les faibleſſes de notre nature aux priſes avec un auſſi grand devoir.

« Les fautes de la négligence ſont les plus nombreuſes; elles embraſſent tous les détails des devoirs du juge. Favre lui demande — ſi, en jugeant, il a pris peine de bien entendre le fait & le droit; — s'il a jugé en doutant du fait ou du droit; — s'il a *interloqué* pour ſe défaire plus promptement du jugement du procès & pour ſe lever la peine de l'examiner au fond plus particulièrement; — ſi, les pièces du procès étant remiſes, il a été tardif & pareſſeux à juger; — ſi, en voyant ou en écoutant lire les procédures du procès, *il ne s'eſt point diverty volontairement* & n'a point diſtrait les autres juges en leur parlant & les détournant ſans urgente néceſſité; — s'il ne s'eſt point abſtenu de lui-même ſans raiſon & pour ne vouloir prendre la peine; — ſi, étant engagé dans la viſion d'un procès, il s'eſt abſenté ſans cauſe grave, & ſi, dans ce cas *d'une libertine abſence*, il n'a point cauſé quelque dommage à quelqu'un.

« Un rapporteur a des devoirs particuliers. Favre les préciſe :

« Quand vient l'inſtant de rendre la ſentence,

de nouvelles obligations incombent au juge. Il faut qu'il *prenne peine de bien esclaircir le dicton du jugement*, de peur qu'il ne faille à grands frais solliciter une autre sentence pour expliquer la première.

« La vanité est une source de fautes non moins féconde que la négligence. Elle a pour but tantôt de voiler l'ignorance, tantôt de faire montre de la supériorité qu'elle s'attribue. — Le juge ne s'en est-il point rapporté à l'opinion de quelque préopinant, de peur de laisser voir qu'il n'a pas été attentif à la lecture des pièces, ou pour ne savoir ou ne pouvoir bien fonder son opinion? *Pour faire voir la beauté de son esprit dans sa compagnie*, n'a-t-il pas suivi, en jugeant, son propre sentiment, *sans vouloir demeurer dans un train ordinaire d'un bon raisonnement de justice?* — Voyant & connaissant une meilleure opinion que la sienne, ne s'est-il pas opiniâtré dans celle-ci *par superbe?* — N'a-t-il point fait abus des talents que Dieu lui a donnés, & de son influence sur ses collègues, *pour faire un party à part* & faire tourner la chance du jugement à sa volonté?

« La prévention est l'un des périls qui se trouvent le plus souvent sous les pas du juge. Elle est d'autant plus redoutable que, véritable Protée, elle revêt les formes les plus diverses, & que le plus intelligent, le plus vertueux sont quelquefois trompés par leur intelligence & par leur vertu mêmes. Pascal a dit, dans son impitoyable revue des faiblesses humaines, que, vis-à-vis de certains hommes, le moyen de faire perdre une cauſe toute juſte était de la leur faire recommander. C'eſt là une des mille variétés de la prévention. Favre demande au juge ſi, en jugeant, *il a bien mis dans ſon âme l'indifférence des parties, ſans* aucune préoccupation d'eſprit & *ſans recevoir aucune inclination particulière qui l'ait peu emporter;* — s'il n'a point jugé par amitié, faveur, vengeance, crainte, compaſſion même, bref, par quelque paſſion & affection autre que du zèle de juſtice.

« La prévention n'a pas toujours pour objet le plaideur lui-même. Elle porte quelquefois contre celui qui parle pour la partie, contre la nature de la cauſe, contre le jugement que l'appel ſoumet à notre examen, contre une opinion énoncée d'une façon qui nous déplaît, ou par une perſonne qui ne nous agrée pas entièrement. Favre veut que le juge examine ſi, *pour l'averſion qu'il aura eue à une partie, ou à ſon advocat, ou à un des juges qui aura opiné pour elle,* il n'a point porté ſon opinion au parti contraire.

« La faibleſſe, l'impatience ſont d'autres cauſes d'erreurs. — Le juge, ayant de bonnes répliques à faire aux raiſons avancées par d'autres, n'a-t-il point omis quelquefois de les faire entendre, de peur de *déſagréer* ou de *conteſter?* — Ne s'eſt-il point quelquefois abſtenu d'une cauſe pour *ne vouloir déplaire?* D'autre part, a-t-il toujours prêté facile & patiente audience à ceux qui venaient informer & inſtruire pour leur procès? — N'a-t-il point quelquefois jugé par précipitation?

« Enfin, chaque juge a, dans une certaine meſure, charge de la diſcipline ſur les officiers de juſtice. Favre les examine ſur les fautes qu'ils peuvent commettre dans l'accompliſſement de ce devoir.

« L'examen du préſident eſt traité avec non moins de ſoin & de ſagacité que celui du ſimple juge. Fils de l'homme qui avait préſidé pendant treize ans le Sénat de Savoie, & qui, ſuivant ſes biographes, ne manquait jamais de s'examiner chaque ſoir ſur toutes les actions de la journée; préſident lui-même d'un corps de juſtice important, René Favre avait amaſſé ſur cette matière un véritable tréſor d'obſervations.

« Tous les devoirs du juge pèſent ſur le préſident avec plus de rigueur encore. Il en a d'autres, par ſurcroît, qui ne ſont pas moins graves. Il répond non-ſeulement de ſes propres fautes, mais de celles qu'il laiſſe commettre aux magiſtrats placés ſous ſa direction. Il n'eſt point pour lui ſeul à l'audience, il y eſt auſſi pour ceux qui ſiégent autour de lui. Il doit rappeler l'attention qui ſe diſtrait, ranimer celle qui ſe fatigue. Il eſt le diſpenſateur équitable & prudent du temps promis aux juſticiables. Dans les délibérations, il doit raviver les ſouvenirs de ſes collègues & redreſſer leurs erreurs La compoſition des chambres, la distribution des causes & du travail de chacun sont encore des actes de sa fonction auxquels il ne doit apporter d'autre préoccupation que celle de la justice.

« Avec des devoirs spéciaux, il trouve aussi dans sa marche des écueils plus particulièrement redoutables. S'il s'est gardé par sa dignité même contre les fautes qui ont pour cause la négligence, il est plus exposé à celles qui ont pour origine *la superbe*. Favre lui demande si, *pour acquérir réputation de vuider en audience promptement*, il n'a jamais prononcé soudainement un jugement sans être bien informé du fait ou du droit.

« L'impatience a aussi pour lui des sollicitations plus vives que pour le simple juge. Chargé de diriger les travaux du corps qu'il préside, il doit vouloir que la justice soit promptement rendue ; mais la violence de ce désir ne doit pas l'exposer à la rendre incomplète. — A-t-il prêté facilement & bénignement accès à ceux qui avaient à lui parler à l'occasion de sa charge ? — N'a-t-il pas demandé les voix avant que le procès ait été entièrement vu & éclairci ? — A-t-il donné suffisamment temps aux avocats de se faire entendre ? — Quelquefois, pour éviter un partage, n'a-t-il point donné trop vite sa voix à l'opinion qui l'emportait jusques à lui ?

« Enfin, il est revêtu d'une autorité suprême. Il doit la maintenir avec fermeté, mais aussi il en doit redouter les excès. — A-t-il eu l'œil à tout ce qui dépend de ſa conduite ou direction? — N'a-t-il pas été timide à ſe montrer dignement le chef de ſa compagnie, *quand le zèle & devoir de la juſtice & de la dignité requeroit qu'il ſe teſmoignât conſtant & hardy?* — Au contraire, n'a-t-il point abuſé de ſon autorité ou dignité par quelque procédé extraordinaire? — N'a-t-il point voulu ſe former un parti dans ſa compagnie? — N'a-t-il point quelquefois fait la ſentence de lui-même? — Voyant que les juges n'étaient point portés à ſon opinion, n'a-t-il point différé le jugement, attendant qu'une autre fois il pût avoir des juges qui ſecondaſſent mieux ſon intention? — Ou bien, un jugement ayant été légitimement réſolu contre ſon ſentiment, n'a-t-il point trouvé d'artifices pour réopiner de nouveau & faire venir le jugement à ſa volonté?

« Je voudrais, Meſſieurs, pouvoir faire maintenant, avec mon auteur, l'examen du miniſtère public. Mais, ici, je ſerais expoſé à trop de faux pas; je marcherais à peu près ſeul & ſans l'appui de Favre. Il n'avait pas ſans doute de ces fonctions une expérience auſſi détaillée que de celles de la magiſtrature aſſiſe. Il s'eſt borné à quelques généralités qui ſe rapportent principalement aux devoirs d'intégrité, de vigilance, de fermeté & de modération. Il y aurait certainement à ajouter à ce chapitre de ſon livre un riche catalogue.

« On retrouve, au contraire, dans les examens de l'avocat, du procureur & de quelques-unes des fonctions qui sont sous la surveillance de la magistrature, la même finesse d'observation que nous avons remarquée dans les premiers. Ce n'est pas ici le lieu d'en rapporter les détails. Il me suffira de dire qu'à tous les défenseurs des intérêts privés débattus devant les tribunaux, Favre représente les fautes qu'ils peuvent commettre contre leurs obligations de sincérité, de désintéressement, de respect envers les magistrats, de diligence pour leurs clients, de justice pour leurs adversaires.

« Enfin, la série des examens est close par celui du plaideur. C'est un malheur de plaider, mais c'est quelquefois une nécessité & un devoir. Or, dans l'accomplissement de ce devoir, comme dans tous les mouvements de cette vie terrestre, l'homme trouve sous ses pas des dangers qui appellent une attention spéciale. Favre les signale au plaideur en une assez longue énumération qu'il conclut ainsi : « Bref, il faut qu'un plaidant s'examine s'il a rien « faict pour porter dommage à sa partie indeue- « ment, avec ruse, finesse, surprise, dol, malice, « vengeance, & à quelque mauvais dessein ; car, « en ce cas-là, il est obligé de dédommager sa « partie. »

« Permettez-moi de citer encore ce que Favre dit de l'obligation de restitution : « Qu'on sçache

« pour une bonne fois, en examinant sa conscience, « que quand on a porté perte & dommage à quel- « qu'un par dol, malice ou coupable négligence, « ou par mensonge, ou par une lourde & inexcu- « sable ignorance, ou à faute d'attention à sa « charge, qu'on n'entrera jamais dans le ciel qu'on « n'en ait faite la réparation & restitution, n'y ayant « qu'une impossibilité absolue qui en puisse excuser. « Et l'excuse ne vaut rien qu'on en laisserait ses « enfants pauvres & nécessiteux, car il faut dédom- « mager l'intéressé, quand ses enfants devraient en « demander l'aumosne. »

« Il ne me reste plus, Messieurs, qu'une réflexion à vous confier. Ce qui m'a frappé dans le livre de Favre, c'est le côté pratique & vivant de son enseignement. La censure solennelle est rarement efficace, elle est toujours insuffisante.

« Dans une de ses dernières Mercuriales, d'Aguesseau se plaint éloquemment de l'inutilité de ses discours : « Ces assemblées, sagement établies, dit-il, « que sont-elles devenues & à quoi les réduisons- « nous aujourd'hui ? A peine en conservons-nous « encore le nom & l'apparence... La censure sem- « ble n'être plus que l'ornement & comme la déco- « ration de la pompe du Sénat. Si nous osons encore « y faire des portraits du vice, nous les traçons « d'une main si timide & avec des couleurs si fai- « bles, que l'auditeur trop ménagé ne s'y reconnaît

« plus... L'injuſte, plus ébloui qu'effrayé, applaudit « le premier au tableau de l'injuſtice, & nous ne « rougiſſons point de nous applaudir nous-mêmes « lorſque nos travaux ſont payés par quelques « louanges ſtériles, au lieu d'être dignement récom- « penſés par une réforme ſalutaire. » Et, en effet, aux précautions dont s'entoure l'orateur, ſous les noms d'emprunt qu'il donne à nos fautes, il eſt facile de les méconnaître.

« Dans le livre de Favre, il n'eſt pas poſſible de s'y tromper : toute ambiguïté de paroles a diſparu, & chaque choſe eſt nommée par ſon nom (1).

(1) Il ſerait intéreſſant de comparer la forme élégante & ſolennelle qu'emploie d'Agueſſeau pour déſigner les défauts & les fautes du magiſtrat, avec l'expreſſion plus rude & plus poſitive du ſénateur de Savoie.

Par exemple, pour le magiſtrat qui dort à l'audience, d'Agueſſeau dit : « Une molle indolence pourra « ſeule fixer cette agitation im- « portune. Mais quelle peut être « la dignité de celui qui ne doit « ſa tranquillité apparente qu'à « une langueur véritable? Il ſem- « ble que le tribunal ſoit pour lui « un lieu de repos, où il attend « dans les bras du ſommeil l'heure « de ſes affaires où celle de ſes « plaiſirs. » (*Merc. IV*e.)

Pour celui qui fait la converſation avec ſes collègues pendant les plaidoiries : « Plaçant une con- « verſation indécente dans le ſi- « lence majeſtueux d'une audience « publique, il trouble l'attention « des autres juges & déconcerte « ſouvent la timide éloquence des « orateurs. » (*Id.*)

Pour recommander l'exacte rédaction des jugements : « Un digne « miniſtre de la juſtice ſait qu'un « oracle perd toute ſa force lorſ- « que le prêtre qui l'écrit oſe le « profaner en mêlant téméraire- « ment les paroles de l'homme à « celles de la Divinité. Il reſpecte « la grandeur & la ſainteté du « dépôt qui lui eſt confié ; il craint « de l'altérer par ſa précipitation, « de le perdre par ſa négligence, « de le violer par ſon affectation. » (*Merc. II*e.)

Inſtruit par de grands exemples à l'obſervation rigoureuſe des devoirs de ſon état, animé du déſir de réaliſer le bien public dans l'adminiſtration de la juſtice, l'écrivain a pris non pas le langage de la philoſophie, mais le langage ſpécial des profeſſions qu'il voulait réformer. Puis, reconnaiſſant que la religion ſeule a ſu réduire en pratique le γνωθι σεαυτον de l'antique ſageſſe, il lui a emprunté les moyens puiſſants qu'elle a enſeignés aux hommes pour leur correction. Il n'a pas cru ſuffiſant que les magiſtrats vinſſent, à de longs intervalles, écouter l'expreſſion adoucie d'une cenſure, dont chacun prend pour lui la moindre part en renvoyant le ſurplus à autrui : il a voulu que chacun d'eux s'exerçât à devenir ſon plus rigide & ſon plus vigilant cenſeur, à comparer ſes actions de chaque journée avec ſes devoirs, à reconnaître ſes fautes avec ſincérité & à les réparer héroïquement. L'approbation qui accompagne l'ouvrage de Favre porte la ſignature du neveu de ſaint François de Sales, l'un de ſes ſucceſſeurs dans l'épiſcopat. Elle dit que ce livre devrait être le Manuel des princes & des magiſtrats. Il faudrait dire, aujourd'hui, qu'il était le Manuel des magiſtrats de ce temps-là ; mais il ne ſerait pas difficile d'en faire encore celui des magiſtrats du temps préſent (1). »

(1) Parmi les nombreux opuſcules qui honorent la mémoire de M. Dupin, mort procureur-général à la Cour de caſſation, il en eſt un qui préſente des analogies trop ſaiſiſſantes avec l'œuvre de René

L'illuſtre ſucceſſeur de ſaint François de Sales ne ſouhaitait pas ſeulement que le livre de René Favre

Favre, pour que nous ne regrettions pas de ne pouvoir donner ici quelque étendue au rapprochement de deux écrits évidemment dûs aux mêmes inſpirations. Le petit volume de M. Dupin auquel nous faiſons alluſion fut publié en 1824. Il a pour titre : *Des magiſtrats d'autrefois, des magiſtrats de la révolution, des magiſtrats à venir.* Le célèbre avocat eût pu l'intituler comme celui de Favre : LE BIEN PUBLIC POUR LE FAIT DE LA JUSTICE ; & quoiqu'il ſoit certain qu'il ne connut pas ce dernier, on pourrait croire qu'il y a puiſé, tant ces deux grands juriſconſultes ſe ſont rencontrés dans la nature & l'ordre de leurs idées & ſouvent même dans leurs expreſſions. — M. Dupin commence par rappeler que le magiſtrat rend la juſtice au nom du ſouverain, qu'il repréſente la cité entière dans toute ſa majeſté : *Se gerere perſonam civitatis debereque ejus dignitatem & decus ſuſtinere.* (Cic., *de Officiis*, I, 124.) Il en conclut le devoir, pour le chef de l'Etat, de ne confier le pouvoir judiciaire, « ce véritable lien des inſtitutions « ſociales, » ſelon l'expreſſion de Louis XVI, qu'à des hommes *dont les places ont beſoin*, & non pas à des hommes *qui ont beſoin des places ;* qu'à des gens, en un mot, qui, ne perdant jamais de vue que la juſtice eſt la première dette de la ſouveraineté, ſachent ſe montrer capables & dignes d'*acquitter la conſcience du ſouverain.* Formulant enſuite le modèle des vrais magiſtrats, M. Dupin le trouve dans les magiſtrats d'autrefois : — éminents par leur piété & rendant la juſtice par conſcience ; — éminents par leur ſcience, verſés qu'ils étaient dans l'hiſtoire ſacrée & l'hiſtoire profane des lois canoniques & des lois de l'Etat. La crainte de perdre leur état, leurs biens & même la vie ne pouvait rien ſur eux. Des païens diſaient en pareil cas : *Dulce & decorum eſt pro patriâ mori ;* les magiſtrats chrétiens s'écriaient : *Beati qui perſecutionem patiuntur propter juſtitiam.* — (D'Agueſſeau a dit qu'*un magiſtrat qui n'eſt pas un héros n'eſt pas même un honnête homme.*) — Tels étaient, en abrégé, les magiſtrats d'autrefois, ſelon M. Dupin ; il les offre à l'imitation des magiſtrats de nos jours & les préſente au pouvoir comme le type qui doit régler ſes choix.

devînt le Manuel « des princes & des magiſtrats, » il voulait qu'*il s'en fit & débitât des copies à millions*.

L'opinion ne ſe montra pas moins empreſſée, ſoit dans les Etats de Savoie, ſoit en France, & même, paraît-il, en Italie. René Favre, interprète du ſentiment public & d'un beſoin univerſellement ſenti, en publiant le fruit de ſes ſavantes méditations, eût pu dire :

Queſti non ſono penſieri del ſolo autore, ma del pubblico. GIORDANI.

La ducheſſe Régente, en acceptant la dédicace du livre, en avait doublé l'autorité. Mais, d'un autre côté, ſi elle avait eſpéré trouver dans la publication de Favre l'occaſion d'atteindre certains membres de la magiſtrature, le réſultat allait dépaſſer de beaucoup celui qu'elle s'en était promis.

A peine les premiers exemplaires de l'ouvrage ſurent-ils livrés au public, que le procureur-général en ordonna la ſaiſie & fit défenſe à tous les libraires du reſſort de les recevoir en dépôt ou de les vendre. Le Sénat croyait y voir des leçons qu'il ne voulait pas recevoir d'un de ſes membres.

C'eſt une intéreſſante étude que de ſuivre pas à pas la perſécution que ce petit livre ſouleva contre ſon auteur. Elle ne ſaurait trop mériter notre attention.

Janus d'Oncieu, fils du préſident Guillaume, occupait la première préſidence du Sénat depuis le 15 août 1643. Ses grandes connaiſſances en juriſprudence & en adminiſtration l'avaient déſigné au choix de la Régente, & il uſait de la confiance même de cette princeſſe pour combattre en elle un penchant au favoritiſme auquel elle ne ſe montrait que trop encline. Dans l'organiſation judiciaire du Sénat, à cette époque, la compagnie avait le contrôle de l'admiſſion de ſes membres : précieuſe garantie contre la faveur & l'ignorance (1), & ſur laquelle le Sénat croyait de ſa dignité de ne point fléchir.

Au moment même où paraiſſait le *Bien public*, un ſieur Trichard, nommé ſénateur, venait d'être examiné par le Sénat & reconnu incapable. Le Sénat avait retenu ſa patente & refuſé de l'admettre. Le premier préſident d'Oncieu en informait la Régente par une lettre en date du 27 juillet 1646. Il profita de l'occaſion pour porter en même temps à la connaiſſance de Madame Royale la réſolution priſe

(1) Les Cours avaient autrefois, en France, le droit de *préſentation...* « En ce temps-là, le nombre des officiers de juſtice était fort petit, & l'ordre qu'on obſervait pour remplir les charges des Parlements, parfaitement beau. On avait accoutumé d'y tenir un regiſtre de tous les habiles avocats & juriſconſultes ; & *quand quelqu'office venait à vaquer, on en choiſiſſait trois, deſquels on portait les noms au Roi, qui préférait celui qui lui plaiſait.* » (Extrait de la *Vie de Henri IV*, par Hardouin de Péréfixe.)

par le Sénat au ſujet du livre de Favre : « Je dois pa-
« reillement, dit-il, donner connaiſſance à V. A. R.
« de la ſaiſie que le Senat a fait faire d'un libraire
« de la même ville d'Annecy, lequel, contre les
« édicts, a imprimé divers livres ſans permiſſion
« de les imprimer, ou autorité régulière ; entre leſ-
« quels il s'en trouve de diffamatoires, qui choquent
« l'honneur & la réputation du Sénat, & encore du
« public ; même ſi préjudiciables, que l'étrangier &
« la poſtérité en ſeront mal édifiés ; & ce qui eſt
« plus à conſidérer, c'eſt que le ſervice de V. A. R.
« ſe trouverait ſenſiblement léſé par diverſes ren-
« contres, eſtant faites comme ils ſont par le ſieur
« de la Valbonne (1). »

On voit, par cettre lettre & par ſa date, que le Sénat s'était décidé ſans conſulter la Régente, & que ſon iraſcibilité n'avait tenu compte ni du nom de la princeſſe placé en tête du livre qui lui était dédié, ni de ſon approbation formellement rappelée dans la préface & qui diſpenſait l'ouvrage de la cenſure, ni du caractère de l'auteur, éminent magiſtrat lui-même, ni du grand nom dont il avait hérité & qui devait au moins le protéger aux yeux d'un corps dont il avait été & était encore la gloire. Le Sénat eût été plus ſage d'avoir en mémoire ce mot

(1) Archives générales de l'Etat à Turin.— Lettres de Janus d'Oncieu, premier préſident du Sénat de Savoie, à Madame Royale.

de la ſageſſe éternelle : *Non in commotione Dominus.*

Madame Royale fut loin d'approuver les meſures priſes par le Sénat. On peut en juger par les ordres qu'elle tranſmit immédiatement à d'Oncieu en réponſe à ſa lettre.

La lettre du premier préſident à la Régente était du 27 juillet, &, le 10 août ſuivant, il informait humblement la princeſſe « que le libraire de la « même ville (Annecy) qui avait été fait priſonnier « pour avoir imprimé le livre de la Valbonne & des « autres ſans permiſſion, a été élargi *en ſuite des* « *commandements* de S. A. R. »

Le marquis de Saint-Thomas écrivait en même temps au chef du Sénat, *que l'on demeurait un peu étonné en Piémont du procédé que l'on tenait contre le préſident de la Valbonne, & que le Sénat voulût prendre pour ſoi ce qui ſe dit en ſon livre, en termes généraux, de l'adminiſtration de la juſtice.*

L'amour-propre des corps tranſige moins facilement que celui des individus. Le Sénat s'anima de plus en plus. Il adreſſa à Madame Royale un exemplaire du livre de Favre avec les annotations de la compagnie, & délégua à Turin le préſident Favier & le ſénateur de Chaloz pour y ſoutenir ſes griefs. Mais Favre, de ſon côté, y comptait de zélés défenſeurs, entr'autres les marquis de la Pianeſſe & de Saint-Germain.

Le meilleur, toutefois, de ſes protecteurs fut le

comte, depuis marquis de Saint-Thomas, conſeiller d'Etat, premier ſecrétaire des commandements de Madame Royale, grand & habile miniſtre.

Favier & Chaloz développaient à Turin ces trois chefs d'accuſation, que le premier préſident d'Oncieu appuyait, de ſon côté, dans ſes lettres à M. de Saint-Thomas, à ſavoir : que le livre de Favre était outrageant pour les membres du Sénat, attentatoire aux édicts des princes, en cenſurant ces édicts ſans raiſon & en leur attribuant des abus auxquels ils ne donnaient pas lieu ; que rien, enfin, ne pouvait juſtifier de la Valbonne d'avoir agi de ſon propre mouvement & de ne pas s'être entendu avec ſes collègues avant de publier ſon ouvrage.

Par une lettre du 8 ſeptembre 1646, d'Oncieu écrivait à M. de Saint-Thomas :

« Vous me faites trop d'honneur à l'advis qu'il « vous plaît me bailler concernant les affaires de « M. de la Valbonne, & vous prie de croire qu'en « notre compagnie il n'y a perſonne qui porte plus « ſes intérêts que moi. Je crois qu'il le ſait ou qu'il « doit le ſavoir, puiſque la choſe eſt notoire à tous « ceux du corps ; je ne puis néammoins arrêter tout « à fait l'exécution des arrêts du Sénat, n'ayant en « jceluy qu'une voix. La raiſon qui a eſmu le Sénat « à ſuivre ſon premier arreſt eſt que, déſirant bailler « advis à Madame Royale de toute ceſte procé-

« dure, il ne l'a pu faire sans ouïr ledit sieur pré-
« sident de la Valbonne, ce qui n'a pu se faire que
« par les voies ordinaires de la justice, en quoy
« le Sénat n'a cru désobéyr aux commandements
« de Madame Royale ains a pris ce chemin pour
« les suivre. »

Il ressort de cette lettre que Christine, sans y réussir, s'était efforcée d'arrêter le Sénat dans la voie où il était entré. Le soin que prend d'Oncieu à convaincre M. de Saint-Thomas de ses bons sentiments pour Favre, permet de croire qu'on lui reprochait, à la Cour, des dispositions contraires. Favre, en effet, avait un procès avec un d'Oncieu, neveu du président, & accusait formellement ce dernier de favoriser les intérêts de son neveu. Quant à la manière dont d'Oncieu prétend justifier la conduite du Sénat, il est douteux que la princesse se soit tenue pour satisfaite, & elle resta peu persuadée, sans doute, que l'auguste compagnie n'eût d'*autre désir que d'obéir à ses commandements*.

Quoi qu'il en fût, Valbonne en était venu à craindre pour la sûreté de sa personne & s'était retiré à Annecy. La Régente l'appela à Turin, désireuse de l'entendre dans sa défense, comme elle avait entendu ses accusateurs. C'était une évocation de la cause ; il lui semblait, en effet, que les magistrats qui se prétendaient offensés *ne pouvaient être à la fois les intéressés & les juges*, & c'est ce que soutenait & avait écrit Valbonne. La princesse fit donc examiner le livre incriminé, avec les annotations dont l'avait accompagné le Sénat, par son grand-chancelier & ses principaux ministres; &, se conformant à leur avis, elle adressa à la compagnie, en réponse aux plaintes & communications qu'elle en avait reçues, les patentes, en date du 11 novembre 1646, que nous donnons ici & que la Valbonne, paraîtrait-il, fut chargé d'apporter lui-même (1) :

Très-chers, bien-amés & féaux conseillers,

Nous recevons une particulière satisfaction des soins que vous avez pris de nous envoyer le livre intitulé : *Le Bien public pour le fait de la justice*, que le sieur de la Valbonne a fait imprimer par notre ordre & sans aucun dessein d'offenser le Sénat, qu'il honore tant en général qu'en particulier, ainsi qu'il nous a souvent assuré par lettres missives & de vive voix. Et comme l'équité que vous gardez très-religieusement, après s'être acquis notre estime, se fait aussi admirer chez les étrangers, nous ne croyons pas qu'elle puisse être en aucune sorte diminuée par qui que ce soit, & bien moins par le livre du sénateur de la Valbonne, qui proteste n'avoir jamais eu autre dessein que de faire paraître qu'il est membre de ce corps & non point son censeur. C'est pourquoi nous lui avons accordé nos patentes, par lesquelles nous l'avons renvoyé quitte &

(1) Regiſtre ſecret de 1641 à 1681, fol. 58 & ſuiv. — V. *Hiſtoire du Sénat de Savoie*, t. II, p. 28.

abſous, & permis à l'imprimeur d'en livrer, d'en vendre & diſtribuer les exemplaires. Nous nous promettons donc que vous ſeconderez exactement nos intentions ſur ce ſujet, faiſant & laiſſant jouir ledit ſénateur de la Valbonne de ſon office comme auparavant, ſans nous donner autre avis ni attendre autre commandement, priant Dieu de vous conſerver.

Signé : CHRESTIENNE.

Et contre-ſigné : DE SAINT-THOMAS.

De Turin, ce 11 novembre 1646.

Ces patentes, en ordonnant au Sénat de laiſſer de la Valbonne jouir de ſon office comme auparavant, nous font ſuppoſer qu'il en avait été ſuſpendu. Quoi qu'il en ſoit, elles ne furent point enregiſtrées, & le procureur-général ne tint aucun compte des ordres de la ducheſſe. De la Valbonne, qui ne s'était point préſenté ſur la première citation qui lui avait été donnée avant les féries de vacation, ne ſe préſenta pas davantage à ſon retour de Turin. Le procureur-général, l'ayant *réadjourné* inutilement, n'héſita plus, — ſelon l'auteur de l'*Hiſtoire du Sénat*, d'une autorité habituellement ſi ſûre, — à le faire incarcérer, & commit deux membres du Sénat pour ſuivre l'inſtruction du procès.

En ce même temps, un neveu & un frère de de la Valbonne, ſénateurs l'un & l'autre, — le premier, fils de Jean-Claude, cinquième fils du préſident Antoine, portant comme ſon père le nom de Des Charmettes, — & le ſecond, le ſieur de Félicias, juge-maje au duché de Chablais avant d'être placé au Sénat, — tous les deux intéreſſés dans un procès entre MM. de la Bruyère & de Pont-de-Vaux, crurent devoir récuſer pluſieurs de leurs juges.

Appelés à s'expliquer devant le Sénat ſur la forme peu révérencieuſe de cette récuſation, Des Charmettes ne parut pas & déclara, au contraire, *vouloir ſe jeter aux pieds de Madame Royale, afin de réclamer contre l'oppreſſion qu'on lui faiſait ſubir*. Sur ce, le Sénat lui fit défenſe de s'abſenter de ſa maiſon, *ſous peine de dix mille livres* & *privation de ſon office*.

Il fut même empriſonné peu après. Il était donc permis de croire que le Sénat avait étendu ſon hoſtilité à toute la famille des Favre. Madame Royale elle-même ne ſemblait point y échapper, malgré les proteſtations de reſpect & de ſoumiſſion par leſquelles la compagnie répondait à des ordres qu'elle laiſſait ſans exécution. Il paraîtrait, en effet, que Des Charmettes, ayant eu recours à la Régente, en avait obtenu des patentes dont il ſe prévalait en vain & qui, malgré ſes efforts, reſtaient ſans effet. Le 8 décembre 1646 il eſt en priſon, & c'eſt de là qu'écrivant à Madame Royale il lui dit avec amertume : « Le Sénat ne défère pas à vos patentes, qui

ſont inutiles comme celles obtenues par mon oncle de la Valbonne (1). »

Il eſt probable que la détention de de la Valbonne, ſi toutefois on doit la tenir pour certaine, ne fut pas de longue durée. Le Sénat aurait voulu par là montrer que ſon honneur, quand il était en jeu, parlait plus haut que les ordres de la ducheſſe : — il n'avait montré que ſa paſſion & n'avait que mis à nu les bleſſures de ſon amour-propre. — La Valbonne aurait été mis en liberté au bout de quelques jours ; le Sénat ſe ſerait contenté de le confiner chez lui ou dans l'enceinte de Chambéry en attendant que la procédure fût terminée. Ce qui paraîtrait le prouver, c'eſt que, dans une lettre par laquelle Madame Royale demandait à voir les réponſes de l'inculpé, elle exhortait le Sénat *à laiſſer partir Favre pour Annecy, à la condition qu'il ſe repréſenterait quand beſoin ſerait.*

Dans les nombreux interrogatoires qui ſuivirent ſa détention, de la Valbonne ne ceſſait de déclarer qu'il avait écrit ſon ouvrage ſur l'ordre exprès de Madame Royale ; ce qui était d'autant plus admiſſible que, dans ſes patentes du 11 novembre, Madame déclarait expreſſément que c'était *par ſon ordre qu'il avait été imprimé*. La Valbonne déſavouait tous les paſſages du livre qui pouvaient recevoir

(1) Archives de Turin.

une fâcheuſe interprétation. Cependant, d'après une lettre de d'Oncieu à M. de Saint-Thomas, *La Valbonne* aurait confeſſé avoir eu l'intention de choquer les *réputations des magiſtrats de S. A. R.* Selon ſes accuſateurs, il aurait tenu contre le Sénat *certains propos fort injurieux*, & ſe ſerait vanté de faire deſtituer la plupart de ſes membres pour cauſe de conſpiration contre le pouvoir de la Régente.

Cependant le Sénat accuſait beaucoup, mais ne prononçait pas, & de la Valbonne reſtait ſous le coup d'une procédure auſſi offenſante que vexatoire pour lui.

Il en écrit à M. de Saint-Thomas, par une lettre en date du 18 janvier 1647. « Il croyait, lui dit-il, n'avoir plus ſujet de l'importuner de ſon affaire, depuis le ſi bon ordre qu'y avait mis Madame Royale par le jugement qu'il avait apporté de Turin (patentes du 11 novembre), *jugement conſulté par les plus relevés & habiles de la profeſſion.* — *Mais en ayant*, dit-il, *fait exhibition à nos MM. du Sénat, ils ſe ſont animés davantage, étant marris que ces Meſſieurs* (le grand-chancelier & autres appelés à prendre connaiſſance de la cauſe) *ayent connu de leur procédure même, par une évocation qui eſtoit abſolument néceſſaire en ce cas où ils ne peuvent pas être les intéreſſés & les juges.* » La Valbonne en conclut que tous les écrits de Madame ne ſervent plus de rien, ſi « elle ne fait une ſenſible démonſtration de ſon indignation par l'indiction de quelque peine qui les intéresse ; » & il demande « à ce qu'elle le soustraise à leur juridiction pour cette affaire & le retienne dans la sienne. » Il continue ainsi :

« J'en écris à Madame Royale & adresse la « lettre à M. le marquis de Saint-Germain, pour « ne vous importuner si souvent de semblable « remise. Ie vous supplie, Monsieur, d'y mettre « cette dernière main & ioindre nos intercessions « à Madame Royale, affin que pour une bonne fois « ie sois relevé de ceste vexation & persécution « inouïe qui prouient malheureusement d'un sainct « subiect pour lequel ie suis bien heureux de souf- « frir en attendant ma récompense dans le ciel, où « i'auroy subiect de prier Dieu & pour ceux qui « m'ont trauersé & pour ceux qui m'auront assisté « en ceste glorieuse calamité. Ie suis deia bien « engagé aux obligations que ie uous ay, mais « ceste cy en fera le comble. Ie viens d'apprendre « qu'il y a lettre de Madame Royale dont mes « ennemis font grand trophée, s'opiniastrant à cause « de cela de me faire respondre par devant eux, « comme si ie n'avais point d'ordre de Madame. « Ce qui faict que pour l'asseurance de ma per- « sone ie suis contraint de me retirer en France, « jusques à ce qu'il ait pleu à Madame Royale de « mettre ordre par effet à ces grands désordres,

« lesquels feront sans doubte un grand esclat par
« la Sauoye & par la France, qui pourra iuger du
« liure ouvert & des patentes de Madame Royale,
« qui aura heu tort, ne uoulant laisser aucun
« soupçon d'ignominie à ma postérité pour la lais-
« ser du moins riche d'honneur. Et pour ma justi-
« fication ie seroy contraint de faire entendre toute
« la tissure du procedez. La peine que i'auroy en
« ce monde diminuera celle de l'aultre. Cependant,
« puis que la uraye amitié est celle la qui ne finit
« iamais, ie uous prie que la uostre uers moy soit
« de la sorte ; & par tout le monde ie me uanteroy
« & tascheroy d'estre,

« Monsieur, vostre tres humble & tres
« affectionné serviteur.

« RENÉ FAVRE DE LA VALBONNE.

« De Chambéry, ce 18 janvier 1647. »

La Valbonne ne se retira point en France, comme il craignait d'être obligé de le faire ; rien du moins n'autorise à le croire. Mais la lettre que nous venons de citer provoqua en sa faveur, de la part de Madame Royale, une lettre à d'Oncieu, en date du 8 février 1647, par laquelle la princesse chargea le premier président de témoigner au Sénat tout son mécontentement de la procédure suivie contre de la Valbonne.

D'Oncieu, après avoir obéi, répondit à la Régente par une longue lettre en date du 1er mars ſuivant, lettre importante & que nous devons donner ici parce qu'elle claſſe & réſume tous les griefs du Sénat.

Je commence par aſſurer Madame Royale *des ſoubmiſſions & tres humbles reſpects* qu'a toujours eus la compagnie pour obſerver ponctuellement toutes les volontés de S. A. R., *deſquelles elle ne relaſchera jamais pour quelle choſe qui puiſſe être.* Il proteſte de la *ſincerité* avec laquelle la compagnie ſe comporte en tout ce qui ſe paſſe, non-ſeulement pour les commandements qu'elle reçoit de S. A. R., mais pour l'adminiſtration de la juſtice; « meſme, dit-il, qu'à l'occaſion de cette procédure, ſi le procureur-général ne l'eût pourſuivie pour tirer l'éclairciſſement des intentions dudit ſieur de la Valbonne, il aurait manqué au ſervice de S. A. R. & aux debvoirs de ſa charge. » — Il y a été contraint, dit-il, par les raiſons ſuivantes :

« Premièrement, pour faire juſtifier à V. A. R. « le contraire du contenu au liure dud. ſieur de la « Valbonne, qui n'eſt faict en termes généraulx, « ainſi qu'il a uoulu alléguer, mais priuatiuement « & particulièrement pour les magiſtrats de ce peis « & Sénat de Sauoie, l'aiant, led. ſieur de la Val- « bonne, confeſſé & déclaré par ſes reſponces, &

« dict en plusieurs endroicts d'icelles, que c'estoit
« contre le Sénat qu'il parloit & encore contre les
« edicts, statuts & reglemens si sainctement establis
« par les predecesseurs de cette roiale coronne
« obserués de leur temps selon leur forme &
« teneur, en quoi led. procureur-général se treu-
« voit intéressé pour les mauuaises conséquences
« qui s'en pouuoient ensuivre.

« En second lieu, il conste évidemment que
« led. liure n'a pas esté composé pour le bien
« public, ainsi qu'il a dict, ains plutost pour ses
« interests particuliers & pour vouloir reformer les
« edicts & les loix que nous auons tousiours
« observé, pour les rendre plus fauorables à divers
« procès qu'il a poursuiui, affin d'en obtenir l'issue
« à son aduantage, aiant ouuertement déclairé par
« ses responces qu'il fallait refformer les edicts &
« nos reglemens sur la consideration de ses procès.

« Il appert aussi, en troisiesme lieu, par les
« mesmes responces dud. sieur de la Valbonne,
« qu'il accuse & nomme des personnes du corps
« du Sénat auoir faict des choses dans le jugement
« des procès contraires au debuoir de leur charge,
« de quoi il est conuainqu du contraire par les
« registres mesmes du Senat, aiant par ce moien
« imposé à leur preiudice & d'où leur reputation
« desmeurerait engâtée, si tant est que les affaires
« desmeurassent en l'estat. Le procureur-général

« pretend pareillement auoir intereſt à conſerver « l'honneur aux magiſtrats & de ſeparer la verité « du menſonge.

« En quatrieſme lieu, qu'aiant faict toutte ſorte « de diligence pour retirer tous les liures dud. ſieur « de la Valbonne, par commandement de V. A. « R., apprès auoir eſlargi le libraire, il s'eſt trouué « que le ſieur de la Valbonne en auoit enuoié en « divers lieux de France, tant à Paris, Dijon, « Daulphiné, Piedmont que par la Savoie, auant « que d'exiger l'approbation de V. A. R., ce qui a « apporté un tres grand preiudice à ce magiſ-« trat (1), qui ſe treuve baffoué & mal mené par « led. liure, dans lequel, parlant des ſénateurs, il « les a iniuriés de larrons publics, ignorants, ſots, « muets, hebetés, & de tirannique couſtume contre « toutte ſorte de vérité, en quoi pareilliement ledit « procureur-général a eu intereſt que les miniſtres « de V. A. R. ne ſoient ſi iniuſtement cenſurés « dans les cours & prouinces eſtrangieres, où cette « compagnie s'eſt touſiours acquis l'honneur & le « reſpect qui eſt dheu à la ſincerité inuiolable « qu'elle profeſſe, leſquelles, uoiant qu'il eſt parlé « du Sénat de Savoie, ne pourront interpreter « leſdit. iniures à aulquns aultres qu'à ceux deſ-« quels eſt faicte expreſſe mention par led. liure

(1) *Ce magiſtrat*, pour : *ce corps de magiſtrats*.

« & dont l'autheur a l'honneur d'eſtre leur con-
« frere.

« De ſorte que V. A. R. eſt tres humblement « ſuppliee d'aggreer les iuſtes conſiderations qui « ont eſte faiɛ̃tes pour ce regard, leſquelles n'ont « point eu d'aultre fin que celle de ſon ſervice & « de conſeruer aux magiſtrats la reputation qui ſe « treuue delabree dans le liure diffamatoire dud. « ſieur de la Valbonne, d'ou naiſt le preiudice tres « important a la poſterité, ſoit concernant l'inte- « reſt du ſervice de V. A. R. que pour le bien « de ſes peuples, &c., &c... Sur quoi V. A. R. « eſt tres humblement ſuppliee de recepuoir, s'il lui « plaiſt, les fidelles proteſtations de cette compa- « gnie, laquelle ſe ſoubmettra touſiours à l'obeiſ- « ſance tres humble qu'elle doibt a l'honneur de « ſes commandements pour obtenir la continua- « tion de ſes graces, leſquelles je demande à V. « A. R. en qualité de,

« Madame, tres humble, tres obeiſſant,
« tres fidelle ſubieɛ̃t & ſerviteur.

« Janus de Oncieu.

« Chambéry, 1er mars 1647. »

La Valbonne, dans ſa lettre à M. de Saint-Thomas, citée avant celle de d'Oncieu, s'appuie ſur cette conſidération capitale, à ſavoir : que Madame Royale a évoqué la cause que prétend se retenir le Sénat ; qu'elle en a fait décider *par les plus relevés & les plus habiles de la profession ;* que c'est chose jugée ; que si, nonobstant le *bon ordre* envoyé de Turin, le Sénat reste libre de n'en point faire état, il faut en conclure que *maintenant tous les écrits de Madame ne servent plus de rien.*

A cela d'Oncieu, comme on le voit, ne juge pas à propos de répondre un mot ; & il est difficile de concilier ce dédaigneux silence avec la soumission & le respect dont le chef du Sénat proteste à sa souveraine que *la compagnie ne se relaschera jamais envers elle.* On se sent peu touché, à la place, du soin extrême de d'Oncieu à mettre en cause contre Favre le service de la Régente, l'honneur *délabré* des magistrats, l'intérêt public & surtout les *édicts saintement établis* & si dangereusement attaqués, selon lui, par l'auteur du *Bien public.* Ce zèle empressé pour les *saints édicts* rappelle involontairement, il faut en convenir, le zèle empressé du grand-prêtre pour la *sainteté du temple* dans le plus fameux & le plus inique des procès. On ne saurait pardonner au premier corps judiciaire de l'Etat d'avoir mis sa dignité à défendre des abus ; & préoccupé de la *postérité,* comme nous le montre son chef, on s'étonne qu'il n'ait pas compris tout ce qu'il avait à gagner auprès d'elle en s'associant à la gloire de celui de ses membres qui, par un phénomène hautement admirable, devançait de plus d'un ſiècle & demi la ſageſſe de nos légiſlations modernes, dans la voie des réformes auxquelles elles ont attaché leurs noms.

La ducheſſe, qui, par des conſidérations politiques, tenait d'autant plus à donner une eſpèce de ſatisfaction au Sénat qu'elle ne pouvait douter que ce corps ne fît remonter ſon irritation juſqu'à la véritable inſpiratrice de la Valbonne, preſſait ce dernier de déclarer en ſéance publique *qu'il n'avait jamais eu l'intention de bleſſer ſes collègues ni d'offenſer le Sénat.* Mais la Valbonne demandait à faire cette déclaration *en ſa place ordinaire, dans le Sénat, & ſans que cela pût être tiré en eſpèce d'aucune amende honorable.*

La princeſſe lui donna l'aſſurance qu'il en ſerait ainſi. Puis, ce point réglé avec la Valbonne, elle ne ſongea plus qu'à le régler également avec le Sénat, & à préparer ce corps à une ſolution dont elle s'applaudiſſait comme d'un traité de paix obtenu entre les deux parties.

Sur le déſir que Madame en exprima au Sénat, le préſident Favier & le ſénateur de Chaloz ſe rendirent de nouveau auprès d'elle à Turin comme délégués de leur compagnie.

Ces deux magiſtrats, qui, dès le principe, s'étaient montrés les défenſeurs infatigables & paſſionnés de la cauſe du Sénat, reçurent les communications de la princeſſe ; &, après des conférences qui eurent pour objet de les pénétrer de ſes inſtructions, elle leur laiſſa le ſoin de tranſmettre ces inſtructions à leur compagnie & de lui en bien faire comprendre l'eſprit.

Ils revinrent à Chambéry & préſentèrent à leur corps la lettre ſuivante, que nous trouvons dans l'*Hiſtoire du Sénat* ſous la date du 2 avril 1647 (1) :

Très-chers, bien-amés & féaux conſeillers,

Comme ç'a été une choſe contraire à notre intention que la publication du livre intitulé : *Le Bien public*, que le ſénateur de la Valbonne a fait imprimer ſans notre ſu (!!) & la permiſſion du Sénat, à forme des règlements d'icelui, nous n'avons pas eu à gré que le même de la Valbonne, ſans avoir entendu nos ſentiments, lorſque nous lui dimes de nous envoyer quelques mémoires par le moyen deſquels on pût abrévier le cours des procès, eût dit, dans la dédicatoire dudit livre, de l'avoir fait imprimer par notre ordre & commandement. Il nous aurait auſſi déplu qu'il eût uſé de termes concernant notre régence, notre Sénat & magiſtrats, peu conſidérés & ſuffiſants pour laiſſer au monde quelque mauvaiſe impreſſion & contraire à la réputation due à la ſincérité & juſtice de nos actions & de tous nos magiſtrats, ce qui nous aurait obligé de faire appeler le ſénateur & faire examiner le tout par notre grand-chancelier & quelques principaux de nos miniſtres, qui nous auraient rapporté qu'il ſe trouvait plutôt digne de com-

(1) *Hiſtoire du Sénat de Savoie*, de 1641 à 1681, fol. 60, v°. t. II, p. 30. — Regiſtre ſecret

paſſion que de châtiment, attendu les proteſtes qu'il leur aurait fait de n'avoir eu aucune mauvaiſe intention, & attendu ſon âge & qualités du feu préſident Favre ſon père, pouvoir être digne de notre clémence & libéré de toutes pourſuites, puiſque, en ſubſtance, il n'y a aucune choſe, laquelle bien interprétée, ne ſoit excuſable & déchargée du titre de crime, pourvu toutefois que ledit livre ſoit ſupprimé, avec défenſe de le débiter & ordre de retirer les exemplaires qu'il pourrait, de quoi le chargeâmes expreſſément. Depuis, ayant uſé ledit ſieur de la Valbonne de quelques paroles, tant en général qu'en particulier, par leſquelles il pourrait avoir oublié le reſpect qu'il doit au Sénat, ayant ſur ce ouï les préſident Favier & ſénateur de Chaloz, à nous députés par le Sénat, nous avons encore fait appeler ledit ſénateur de la Valbonne, lequel nous aurait aſſuré de faire tout ſon poſſible pour retirer tous les exemplaires du livre, déſavouant & révoquant toutes paroles & clauſes contenues dans ſon livre, & réponſes qui pourraient offenſer le Sénat en général & particulier, avec les ſubmiſſions & reſpects qu'il doit au corps du Sénat, étant prêt de les témoigner audit Sénat, avec proteſte de déclaration expreſſe de n'entendre ni avoir entendu toucher en aucune façon l'intégrité & réputation d'aucun des magiſtrats, qu'il reconnaît pour très-dignes & capables de leurs fonctions & charges. Pour cet effet & autres dignes conſidérations, nous vous avons fait la préſente pour vous dire que c'eſt notre préciſe volonté que ne ſoient faites plus amples procédures contre ledit ſénateur de la Valbonne, après toutefois la ſuppreſſion dudit livre & déclaration qu'il fera de vive voix au Sénat, comme ſus eſt dit, moyennant quoi nous voulons que vous l'admettiez & receviez à la fonction ordinaire de ſes charges ſans aucune difficulté.

Exécutez donc cette notre volonté, conforme à l'exemple de notre clémence & bonté, avec laquelle nous prions le Seigneur qu'il vous conserve.

Signé : CHRESTIENNE.

Et contre-signé : DE SAINT-THOMAS.

De Turin, ce 2 juillet 1647.

Cette lettre, dans laquelle Christine n'hésite point à désavouer René Favre & se donne à elle-même le plus honteux démenti en affirmant, contrairement à sa patente du 11 novembre 1646, que la Valbonne a fait imprimer le *Bien public* à son insu ; cette lettre incroyable, disons-nous, est trop au-dessous du caractère de la princesse pour être facilement admise. Si elle est vraie, elle doit être flétrie, & rien ne peut la justifier, *n'y ayant raison politique devant Dieu ni devant les sages pour faire perdre la réputation d'un particulier pour sauver celle d'un corps qui a mal procédé* (1).

C'est ce que répondit la Valbonne ; & il avait raison.

Mais, pour l'honneur de la fille de Henri IV, la lettre du 2 avril (ou du 2 juillet, car elle porte ces deux dates) ne peut être considérée que comme un déloyal abus de confiance de la part des délégués

(1) Lettre de René Favre à M. de Saint-Thomas, du 5 août 1647. — Archives de l'Etat à Turin.

à qui la princeſſe s'en était remiſe du ſoin d'interpréter ſa penſée au Sénat, & qui en trahirent l'expreſſion. On voit, en effet, par une lettre du préſident d'Oncieu au comte de Saint-Thomas, du 27 mars 1648, *que Madame Royale ne s'était expliquée que ſommairement avec les députés chargés de tranſmettre ſes intentions à leur compagnie;* & il reſſort clairement des aveux de d'Oncieu, ainſi que nous le verrons plus tard, que les députés, en formulant les intentions de Madame, conſultèrent leur paſſion bien plus que leur mémoire, & compromirent à la fois la princeſſe & le Sénat.

Quoi qu'il en ſoit, la lettre du 2 avril n'amena aucun réſultat ; elle ne fut pas ſignifiée à la Valbonne : on eût craint évidemment qu'il ne ſe fût immédiatement récrié & n'en eût appelé à Turin ; il paraît même qu'il ne la connut que ſous la date du 2 juillet ſuivant, dans l'arrêt du 27 qui en ordonna l'enregiſtrement. Ses ennemis du Sénat ajournaient toujours toute déciſion, ne croyant pas leur triomphe ſuffiſamment aſſuré. Ils ſavaient ce que pouvaient leurs intrigues, & ils eſpéraient obtenir de la Régente, dans l'arrêt auquel ils tendaient, une complicité plus nettement acquiſe à leur amour-propre que les tranſactions dont elle voulait qu'ils ſe contentaſſent.

Le Sénat continua donc ſes pourſuites. Dans un rapport à la ducheſſe, daté du 19 juillet 1647, il s'exprimait ainſi : « L'honneur de la Régence de V. A. R. & de ſes magiſtrats n'a pu ſouffrir qu'il fût altéré par un de ſes officiers & par un livre dont la publication détruirait même le bien public. Ce ſujet, Madame, joint aux commandements qu'il vous a plu de faire au Sénat de retirer les exemplaires, nous fit douter que V. A. n'eût été ſurpriſe en la permiſſion qu'elle donnait de le débiter. »

Ce rapport était habilement conçu, de manière à ce que la princeſſe, en l'approuvant, fût cenſée confirmer, par cela même, la lettre préſentée à leur compagnie en ſon nom, par Favier & Chaloz, à leur retour de Turin. La Valbonne, officiellement déſavoué & dans l'eſprit de ſon livre & dans la publicité frauduleuſe qu'il lui avait ainſi donnée ſous le nom uſurpé de ſa ſouveraine, perdait tout droit à l'honorable tranſaction que lui avait ménagée cette dernière & que le Sénat devait repouſſer dans l'intérêt de ſa propre dignité.

Favier & Chaloz portèrent ce rapport à Turin. En le remettant à Madame, on peut trop naturellement ſuppoſer qu'ils lui repréſentèrent la Valbonne comme s'étant refuſé aux voies honorables d'accommodement qu'elle croyait lui avoir ouvertes par ſa dernière lettre à cachet.

Ils s'arrêtèrent très-peu à Turin, & en rapportèrent le projet d'un arrêt qu'ils préſentèrent au Sénat comme l'expreſſion même de la volonté de la

Régente, mais dans lequel, ſelon d'Oncieu, ils introduiſirent des clauſes qui en changèrent le caractère.

Enfin, le 27 juillet 1647, le Sénat rendit l'arrêt ſuivant :

Extraict des Regiſtres du Souuerain Senat de Sauoye.

Entre le Procureur-Général de Son Alteſſe Royale, demandeur en cas d'excés ; occaſion de la compoſition & publication d'un libel intitulé : *Le Bien publique pour le fait de la juſtice;*

Et Noble René Faure, Seigneur de la Valbonne, Conſeiller de Son Alteſſe Royale & Senateur ceans & Preſident au Conſeil de Geneuois, accuſé & deffendeur, d'autre.

Veu par le Senat l'Arreſt rendu entre leſdictes parties le vnzieſme januier dernier & pieces y uiſéez; aultre Arreſt du vingt vnieſme meſme mois & aultre du ſecond Apruil ſuiuant & pieces y uiſéez; reſponces dudit ſieur accuſé, du vingt quattrieſme januier dernier & aultres jours ſuiuants, ſigné Faure, De Renauld, De Chalod, Viſſoz, & contre-ſigné Poncet, & parraffées en touttes les pages par ledit ſieur René Faure ; concluſion du ſieur Procureur-Général du vingt-ſix julliet, ſigné More & Viſſoz ; lettres à cachet de Madame Royale du ſecond dudit julliet ; aultres lettres audit Senat de Son Alteſſe Royale du cinquieſme dudict julliet, & tout ce que faiſoit auoir veu & conſideré ;

Le Senat, de ce que reſulte des actes, & ayant eſgard aux commandemenz & expreſſes volontés de Madame Royale portés tant par ſa lettre à cachet du ſecond julliet, laquelle à ces fins ſera enregiſtrée, que relation faicte par les deputés de ceans, a ſupprimé & ſupprime ledict liure intitulé : *Le Bien publique*, composé par le dict Noble René Faure, Seigneur de la Valbonne, & à ces fins a ordonné & ordonne que ledict liure sera & demeurera biffé & laceré au Greffe criminel de ceans, auec injonction que luy sont faictes d'i rapporter tous les exemplaires, auec inhibition de tenir, faire ny composer & publier tels & semblables liures.

A peyne de dix milles liures, & aultres plus grandes s'il y eschoit. Et de mesme a faict inhibition & deffences à tous libraires & imprimeurs de vendre, imprimer ni debiter, & à tous autres, de quelle quallité & condition qu'ils soient, de tenir ledict liure, auec injonction de rapporter les exemplaires des quelz ils seront saisis audict Greffe criminel aux mesmes que dessus. Et cependant a condamné & condamne ledict Noble René Faure de declairer de vive voix au bureau de ceans qu'il desauoüe & reuocque touttes parolles & clauses contenues tant dedans son liure que responces qui pourroient offencer le Senat en general & particullier ; declairant de n'entendre ny auoir entendu toucher en aucune façon la iustice des edictz de Son Altesse Royale, integritté & reputation d'aulcun desdictz Magistratz, les recognoissant pour tres dignes & cappables de leur fonctions & charges. Et ladicte declaration faicte, & ayant esgard aux dictz commandementz & expresses volontés de Sa dicte Altesse Royale, a promis & promect audit sieur Faure l'exercice de touttes ses charges & offices. Faict à Chambery, au Senat, & prononcé au sieur Procureur-General & audict sieur de la Valbonne, qui a faict la declaration a forme dudict Arrest le vingtseptiesme julliet mil six cent quarante sept.

Collation faicte.

BISET.

Le procureur-général fit en outre ſigner d'autorité à la Valbonne une forme d'excuſe & de rétractation que celui-ci ſigna pour ne pas être jeté en priſon, & que, dans ſa correſpondance, il qualifie d'*ignominieuſe*.

Le 5 août 1647, la Valbonne, indigné, écrit à M. de Saint-Thomas : « Il a eu trop de preuves de ſon amitié, & il a en elle trop de confiance, pour croire qu'il veuille abandonner la juſtice de ſa cauſe en la vexation & notoire perſécution où il ſe trouve, & dans le recours qu'il a à Madame contre l'arrêt que MM. du Sénat ont fait pour intéreſſer ſon honneur. »

Il montre que cet arrêt ne peut ſubſiſter devant celui que Madame Royale a rendu le 11 novembre 1646, & qu'il n'eſt pas moins contraire à la lettre à cachet que Madame a écrite au Sénat par les ſieurs députés (lettre du 2 juillet), lettre qui déclare que ſon livre eſt ſans titre de crime & de coulpe, & qui n'avait d'autre but que l'expédient auquel Madame avait eu recours *pour mettre à couvert le Sénat, mais par le quel elle avait entendu qu'il ne fiſt aucun arreſt*. Il prétend que, ſur les douze voix effectives qui ont prononcé contre lui, il en eſt ſix qui s'abſtiennent en tous ſes procès civils, & il s'étonne que les magiſtrats qui croient ne pouvoir juger de ſes intérêts civils aient cru pouvoir ſe faire juges de ſon honneur. « Ie ſcay bien, dit-il, que les gents

« de bien & iudicieux ſoubſtiendront mon hon-
« neur auſſi bien que la pureté de mes intentions.
« Mais le vulgaire, qui ne peut pénétrer plus avant,
« me tiendra dans l'ignominie encore que le ſubiect
« ſoit plein de gloire deuant Dieu & ſes ſaincts.
« J'en ai eſcrit & en eſcris encor à Madame
« Royale. Je vous prie d'employer le zele que vous
« auez de ſecourir les affligez & moi particulière-
« ment, qui le ſuis en ce qui merite recompenſe de
« Dieu & des hommes, pour interceder pour moy
« uers la bonté & iuſtice de Madame Royale, &
« de luy faire entendre que tant de gents de qualité
« & de iugement argueront non-ſeulement le iuge-
« ment extraordinaire du Senat, mais auſſi treuue-
« ront eſtrange que Madame Royale ne m'aura
« pas releué de cette manifeſte & ſcandaleuſe
« oppreſſion, puis que les pierres en parlent & que
« c'eſt le debuoir & le pouuoir du prince ſouue-
« rain de mettre remede à tel déſordre; n'y ayant
« raiſon polytique deuant Dieu & deuant les ſages
« pour faire perdre la reputation d'un particulier
« pour ſauluer celle d'un corps qui a mal procédé.
« Ce ſont des choſes que ie vous puis dire, Mon-
« ſieur, en uérité, appres tant de gents qui en excla-
« ment. Et c'eſt le merite de ma cauſe que ie
« plaide, ainſi que ie pourrois faire deuant tout
« l'uniuers. Je vous prie de vous ſeruir de tout
« cecy ſelon uoſtre prudence. Mais il faut mettre

« les extremes remedes aux extremes maux. Mes « parents eſtrangers, qui ne dependent point du « Sénat, feront entendre ſans doubte partout le « tort qu'il tient de moy. Excuſez, s'il vous plait, « mes importunitez, puis que ce qui me preſſe faict « preſſer auſſi mes amis. Et c'eſt le coup de partie « & ſe déclarer amy, ou iamais, ueu que c'eſt la « principale affaire que iamais ie puiſſe auoir. Je « ſuis tout eſtonné que vous ne m'auez pas enuoyé « la copie ſignée de la lettre à cachet de Madame « Royale (1). J'en ay une qui ſe treuuera touſiours « conforme à l'aultre. M. Chance m'auoit promis « que vous la ſigneriez & qu'on me l'enuoyeroit. « J'attends donc, Monſieur, s'il vous plait, des « effets, appres tant de iuſtes eſperances que i'ay « heues, & vous aſſeure que ie deſire paſſionement « de me teſmoigner autant recognoiſſant de uoz « faveurs que ie me cognois & profeſſe

« Voſtre tres humble & obéiſſant ſerviteur.

« RENÉ FAVRE DE LA VALBONNE.

« D'Annecy, ce 5 août 1647. »

L'arrêt, contre lequel la Valbonne proteſte vivement, émut juſtement Madame Royale, qui n'y

(1) Lettre à cachet du 2 juillet, viſée dans l'arrêt du 27, rapportée de Turin par Favier & Chaloz au commencement d'avril, & qu'on laiſſa d'abord ignorer à Favre.

reconnaiſſait point les intentions qu'elle avait chargé les députés du Sénat de tranſmettre à leurs collègues. Elle écrivit elle-même à la Valbonne pour l'aſſurer de ſon eſtime & de ſa protection, & les deux rapporteurs Favier & Chaloz furent mandés à Turin. Ils en rapportèrent une lettre de la princeſſe *portant commandement de rechercher les expédients pour réparer l'arreſt;* « ſur quoi, dit d'Oncieu, dans une lettre à M. de Saint-Thomas du 20 février 1648, j'en ai parlé diverſes fois avec Chaloz & propoſé quelques moyens pour obéir (1). » D'Oncieu veut ſe juſtifier du reproche qui lui eſt fait auprès de Madame, *d'eſtre le ſeul qui réſiſte à ſes commandements.* On voit par cette lettre qu'à leur retour du voyage à Turin, qui précéda l'arrêt du 27 juillet, Favier & Chaloz firent au Sénat *un rapport de l'etat de la procédure & de leur commiſſion,* mais que le Sénat *ne ſut point qu'on avait fait d'autres promeſſes à Turin;* — c'eſt-à-dire que les députés lui laiſſèrent ignorer la condition au terme de laquelle *Favre devait prononcer ſa déclaration en ſa place ordinaire dans le Sénat, & ſans que cela pût être tiré en eſpèce d'aucune amende honorable,* comme auſſi *la volonté formelle de Madame qu'il ne fût point rendu d'arreſt.*

(1) Archives de l'Etat à Turin. Lettres de Janus d'Oncieu, préſident du Sénat de Savoie.

La correſpondance de René Favre avec le comte de Saint-Thomas va nous permettre de ſuivre dans ſes dernières phaſes la lutte qu'il eut à ſoutenir contre ſes implacables perſécuteurs.

Le jour s'était fait ſur bien des perfidies, & l'auteur calomnié du BIEN PUBLIC avait reçu de ſa royale protectrice l'aſſurance que la volonté ſouveraine, mieux éclairée, lui rendrait enfin une complète quoique tardive juſtice. Mais cette volonté voyait toujours renaître devant elle, comme une hydre, l'intrigue jamais vaincue qui la paralyſait ſans ceſſe. René Favre, le 11 janvier 1648, adreſſait d'Annecy, à M. de Saint-Thomas, la lettre que voici :

Monſieur,

Ayant eſté aſſeuré, par la bonté de Madame Royale, des bonnes intentions qu'elle a de faire bonne iuſtice en mon affaire, iay ſurſoyé mes importunitez ; mais ſçachant que le ſieur Senateur de Chaloz eſt maintenant & qu'il employe toute ſorte d'amis, i'eſcris encor pour la repreſentation de mon bon droict, ayant ſuſpendu les plumes de mes amis ſur l'eſperance que iay que Madame Royale ordonnera que le iugement qu'elle fit ſi ſainctement le XI novembre 1646 ſortira ſon plein & entier effect, ſelon ſa forme & tenur, en declarant nul l'Arreſt que le Senat a faict deſpuis au contraire, & en faiſant biffer & rayer particulierement le billet ignominieux qu'il m'a faict ſigner par authorité contre les intentions, commandements & volontez de Madame Royale. C'eſt a maintenant le coup de partie ou ie vous coniure de me temoigner la constance de vos faveurs & amitié.

Je crois que mon frere de Vaugelas vous en aura escrit en termes de frere qu'il m'est & de tres humble & tres affectióné serviteur aussi qu'il vous est. Il m'a escrit qu'il vous envoyeroit un de ses livres de remarques sur la langue françoise. Si ie l'eusse reçu ie vous l'eusse faict tenir.

Nous vous sommes touts acquis & moy iusques à l'infini.

Votre tres humble, tres obligé & obeissant serviteur.

RENÉ FAVRE, S[r] DE LA VALBONNE.

D'Annecy, ce XI janvier 1648.

A Monsieur Monsieur le Comte de Saint-Thomas, conseiller d'Etat de S. A. R. & premier secrétaire de ses commandements, à Turin.

Je vous puis asseurer quun des personnages qui s'est entremis contre moy m'a dit lui mesme que le Senat auroit rendu cet arrest qui lui tournoit plus a son deshonneur qu'au mien. Dieu & la raison feront pour moy.

Les intrigues de Chaloz ne prévalurent pas.

La Régente, nous l'avons vu par la lettre de d'Oncieu citée plus haut, en appelant Favier & Chaloz à Turin, après l'arrêt du 27 juillet, les avait renvoyés à Chambéry, porteurs d'un commandement exprès au Sénat de *rechercher les expédients pour réparer cet arrest*. Ce commandement était resté sans effet. La Régente, cette fois-ci, chargea Chaloz d'une miſſion plus préciſe : elle fit, par lui, commandement au Sénat de *ſupprimer* l'arrêt en queſtion. C'eſt ce que nous apprend la lettre ſuivante de la Valbonne à M. de Saint-Thomas, en date du 11 février 1648 :

A Monſieur Monſieur le Comte de Saint-Thomas, conſeiller d'Eſtat de S. A. R. & ſon premier ſecretaire, à Turin.

Monſieur,

Mon frere de Vaugelaz m'eſcrit qu'il vous auoit enuoyé ſon liure. Je vous prie de me donner aduis ſi vous l'aurez receu puis qu'il uous l'a addreſſe comme au plus capable iuge qu'il en puiſſe auoir. Il m'eſcrit qu'en ſa naiſſance il a eſté contredict ainſi qu'a eſté le mien. Mais c'eſt la couſtume de toutes les bonnes choſes qui ſont impugnees & trauerſees ainſi que Dieu a permis que fuſt l'eſtabliſſement de la Foy & de l'Egliſe. Je n'ay uoulu ſurcharger l'eſprit de Madame Royale de mon affaire parmi les embarras de ceſte deteſtable & abominable conjuration. Je me ſuis apperceu, neantmoins, que, par le retour du ſieur ſenateur de Chaloz, elle auoit eſcrit une lettre au Senat par laquelle elle lui commandoit de ſupprimer l'Arreſt qu'il a faict contre moy & mon liure. On dit qu'ils s'eſchauffent touſiours & qu'ils ne ueulent non plus obeir à Madame Royale qu'ils ont faict cy deuant en ceſte affaire. Telle qu'elle ſera contrainte de ſe monſtrer Maiſtreſſe & Souueraine, ou en ſe faiſant obeir, ou en declarant auec ſon Conſeil nul & de nulle ualeur tel Arreſt rendu ſans aucune raiſon, ſans ordre de juſtice, par des Juges parties & par des Juges recuſez en touts mes aultres proces, au nombre de ſix pour le moins, ſans m'ouir en juſtification contre la dernière lettre de Madame Royale qui declare mon liure innocent, sans auoir esgard à son jugement & à ses patentes du XI nouembre 1646, & en uiolant le respect qu'ils *debuerent* (sic) à son nom glorieux, qui faict le frontispice du liure & de l'épistre dedicatoire, puis qu'ils ont ordonné que mon liure seroit biffé & laceré, sans reseruer, excepter ny deferer au nom qu'il auoit l'honneur de porter sur son front. Touts les estrangers & ceux du pais qui osent parler en ont pris tel scandale, qu'ils tirent argument qu'en aultre chose il est en danger qu'ils ne facent pas meilleure iustice. Je vous conjure, Monsieur, de me prester tousiours vostre main & entremise fauorable, ueu mesmes qu'appres Dieu & la bonne inclination de Madame Royale, mon frere & moy auons une entiere confience à uostre amitié & à uoz bontez. Me sentant & professant au de la de l'infini se se peuuoit,

Monsieur,

Vostre tres humble, tres obligé & obeissant seruiteur.

RENÉ FAVRE DE LA VALBONNE.

D'Annecy, ce 11 feburier 1648.

Nous voyons par cette lettre que le Sénat ne se rendait point & *s'eschauffait toujours*. Mais d'Oncieu jugea qu'il ne l'avait suivi que trop loin. Dans la lettre à M. de Saint-Thomas, du 20 février 1648, citée plus haut, il se justifie, aux dépens de Chaloz, du reproche d'*estre le seul qui résiste aux commandements de Madame*. Puis, dans une autre lettre au même, du 27 mars suivant, il n'hésite plus à rejeter tous les torts de l'arrêt en question sur les délégués Favier & Chaloz. Ce ſont eux qui, n'écoutant que leur haine, ont mal interprété les intentions de Madame & ont induit le Sénat en erreur. « Ce ſont donc les commiſſaires, dit-il, qui ont failli par ce manquement & faulte de s'être expliqués, & non pas le Sénat. » Enfin il propoſe que Madame envoie à la Valbonne des lettres complètes d'abolition.

La Régente ordonna au Sénat de *ſupprimer & biffer l'arrêt & le billet*; & comme le Sénat tardait à obéir, elle lui envoya le commandement très-précis d'enregiſtrer ſes lettres patentes & de les exécuter; ce qui fut fait. La Valbonne eut la ſatiſfaction d'en donner l'avis au comte de Saint-Thomas dans les premiers jours de juillet 1648.

Pendant cette longue perſécution, Madame Royale fut ſouvent contrainte d'en ménager les fauteurs par des raiſons que nous ne pourrions bien apprécier qu'en nous reportant à cette époque ſi profondément troublée & ſi diverſe en ſes hommes & en ſes choses; mais elle ne laiſſa Favre douter ni de ſa bienveillance ni de ſon eſtime, & ſut équitablement l'indemniſer, par de généreuſes gratifications, des dépenſes qu'il eut à ſupporter.

René Favre était magiſtrat depuis trente-neuf ans quand il publia ſon livre du *Bien public*. Les perſécutions que ce livre lui attira de la part d'une compagnie dont aucun membre ne le ſurpaſſait en vertu ni en ſavoir, affectèrent profondément un cœur que ſaint François de Sales avait jugé digne du ſien. En 1647, il adreſſait un de ſes fils, docteur & âgé de trente-deux ans, à Madame Royale, & en la priant de le placer à la Chambre des comptes il demandait à n'être plus ſénateur. « Je ſerai bien aiſe, ajoutait-il, de n'être plus odieux par ma préſence à ces MM. du Sénat, à qui je fais mal peut-être aux yeux parce que mes opinions leur font mal aux oreilles. » Il rappelait que ces mêmes hommes n'avaient pas épargné les amertumes à ſon père. « Notre père, dit-il, qui a été ouvertement auſſi maltraité que nous autres, ainſi qu'étant à l'article de la mort il s'en découvrit à M. le préſident de Blanchevilles, neveu de ma femme. » Ce grand homme, longtemps avant le moment dont parle ſon fils, avait eu déjà à confier à ſaint François de Sales des chagrins de même nature ; & lui rappelant à ce ſujet les paroles du Roi-prophète : *Bonum mihi quia humiliaſti me ut diſcam juſtificationes tuas*, il ajoutait : « Voilà ce que je dis, mon « cher frère, & dont je me ſers comme d'un « excellent remède contre les perſécutions de ceux « que vous ſçavez. En vérité, mon cœur ſe réjouit « en Notre-Seigneur de ce que, par les traverſes « de ceux de mon pays, j'ai ſujet de réprimer la « vaine gloire que mes ouvrages & une certaine « réputation m'attirent dans les pays étrangers. »

Comme Antoine ſon père, René déſirait vivement voir un de ſes fils lui ſuccéder au Sénat. Il ſollicita cette faveur pour le baron de Péroges, par une lettre du 5 février 1654 adreſſée au comte de Saint-Thomas & que Péroges porta lui-même. « Feu M. votre père, dit-il au comte dans cette lettre, feu M. votre père me fut favorable en la pourſuite que je fis en l'an 1610 pour avoir la ſurvivance de mon père de ſa place de ſénateur. Je recours à la faveur qu'il vous a toujours plu me témoigner, pour obtenir de S. A. ma ſurvivance pour le baron de Péroges, mon fils, que j'envoie en cour. Il a appris en France & ſous moi. » Et, après avoir dit qu'il a acquis la capacité depuis ſept ans, il ajoute : « Je déſire de continuer dans ma race la ſucceſſion des charges de père à fils, ainſi qu'elles ont continué à la file dès le ſéréniſſime comte Amé ſixième, ainſi que le prouve le ſieur Guichenon en ſon *Hiſtoire de Breſſe*, fol. 160, II. »

Taiſand dit de René Favre : « Il a marché ſur les traces de ſon père, & peu s'en fallut qu'il ne l'égalât en doctrine. Il a fait diverſes remarques ſur les écrits de ce grand homme, & on le croyait capable de finir ce que ſon illuſtre père n'avait pas eu le temps d'achever. » Guichenon dit à ſon tour qu'*il avait hérité de la doctrine & des vertus de ſon père.* On a de lui des mémoires & des conſultations dans les nombreux procès qu'il eut à ſoutenir, au ſujet notamment de l'hérédité de ſon frère Vaugelas.

Enfin on le regarde comme l'auteur d'un excellent abrégé de la Pratique en matière civile, que l'on aurait tort, paraît-il, d'attribuer à ſon père (1). Mais la ſûreté philoſophique de coup d'œil, la connaiſſance pratique du mécaniſme des lois, l'intuition de génie, en un mot, avec leſquels, dans ſon *Bien public*, il n'héſita pas à propoſer, le premier, des réformes que le progrès des âges & des mœurs n'a réaliſées que beaucoup plus tard dans nos légiſlations perfectionnées, lui aſſurent une gloire méritée & inconteſtable.

René Favre tenait de ſon père un goût très-cultivé pour la poéſie latine. On trouve, en tête du CODEX FABRIANUS & du traité *De erroribus pragmaticarum*, des vers latins & des vers grecs compoſés par lui *in operis & patris commendationem*, ſelon l'uſage du temps.

On en lit également au deuxième volume des RATIONALIA.

En 1605, au Code, René écrivait en s'adreſſant à ſon père :

Nunc vive ut ſcribas, teque & tot reſpice natos
Funere materno miſeros, te ſoſpite ſalvos.

Benoîte Favre, ſa mère, venait de mourir.

(1) *Hiſtoire du Sénat*, t. I, p. 536.

M. Alliod cite une gravure ſur cuivre repréſentant le préſident Favre, avec la date de 1621 & ces mots :

HONESTAVIT ME DEUS IN LABORIBUS,
LABORES MEOS COMPLEAT DOMINUS.

De Patre ad Papinianum :

Quis melius ſculptor ne patris vera exprimit ora,
An pater ingenium, Papiniane tuum?
RENATUS FILIUS.

Nous avons reproduit plus haut l'épitaphe que René compoſa pour les funérailles de ſaint François de Sales, & dont la latinité mérite d'être remarquée.

Nous devons dire un mot ici des inſcriptions de Premeiry, qu'a illuſtrées M. Jacques Replat.

Le préſident Antoine poſſédait un grangéage à Gillon, ſous la colline de Poiſy, & c'eſt ainſi qu'il fut ſeigneur de Premeiry, ſelon que l'indique ſon teſtament. Mais ce fut ſon fils René qui fit conſtruire la maiſon forte de Premeiry, d'où la vue embraſſe un magnifique horizon, le cirque des montagnes & la plaine fuyante du lac. « Compoſée, dit M. Jacques Replat (1), de quatre pavillons, reliés par deux vaſtes corps de logis, la maiſon était défendue par une enceinte crénelée,

(1) *Bois & Vallons*, par Jacques Replat. Annecy, Jules Philippe, 1864.

avec tourelles aux angles, cour, avant-cour, portes ferrées & pont-levis. » Cette construction, *y compris tout, tant écurie, granges qu'enceinte des trois cours, tourelles, pigeonniers & autres choses, coûta bien dix mille ducatons* au seigneur René (1).

Dans les premières années de notre siècle, ce manoir était un des monuments les plus curieux du XVIIe siècle. On y retrouve encore plusieurs des nombreuses devises dont René avait paré sa demeure. M. Replat a rapporté les plus remarquables dans sa *Maison de Favre*, celles-ci entr'autres :

Une femme bonne
Vaut une couronne,
Mais c'est bien fortune
D'en trouver une.

L'entrée du cabinet de travail est défendue contre les importuns & les oisifs par ces quatre mots :

Aliis aliis,
Hic mihi.

« Les écussons de plusieurs grandes familles décorent la salle d'honneur, dit M. Replat. Outre les armoiries de la maison de Favre, on y remarque celles des Châtillon & des Olland-Crescherel. Il est vrai que le temps, *ce grand mangeur des choses,*

(1) Manuscrits de la Société florimontane.

les a détruites à moitié ; mais ce qu'il n'a pu dévorer, ce qui eſt toujours vivace dans la maiſon de Premeiry, c'eſt l'impériſſable ſouvenir de notre grand juriſconſulte, & le ſouvenir moins éclatant, mais durable encore, de Vaugelas, l'intelligent pionnier de la langue françaiſe. »

En 1650, après la mort de Claude de Vaugelas, la baronnie de Péroges fut achetée par Claude Toquet de Montgeſſond ; la grange rouge, ſituée dans la Valbonne, fut achetée par Gabriel Vernat, & René Favre acheta la maiſon de Vaugelas & ſes dépendances, bien patrimonial qu'il voulut conſerver dans ſa famille (1).

Le préſident Antoine Favre avait acheté, en 1605 & en 1623, la ſeigneurie d'Aiguebelette de René de Chabod & d'Antoine de Ravoire, ſeigneur de Romagneu. Par lettres patentes du 4 avril 1627, la terre fut érigée en baronnie en faveur de René Favre, ſeigneur de la Valbonne (2).

Il en porta le titre depuis cette époque.

(1) Le 11 ſeptembre 1697, une ſentence arbitrale intervint entre les trois petits-fils de René & attribua la terre de Vaugelas à Sigiſmond & à Victor-Amédée.

Sigiſmond ſuccéda au titre de la Valbonne. Il était chanoine « en l'inſigne égliſe cathédrale de Saint-Pierre de Genève, » à Annecy.

Le 6 mars 1712, la maiſon de Vaugelas & les biens qui y étaient attachés furent vendus à Humbert Dufour, notaire royal à Meximieux.

(2) Marc-Antoine Favre, petit-fils de René, vendit la baronnie au préſident Pierre-François pour 7,585 livres. (15 juin 1744.)

René Favre mourut le 28 ſeptembre 1656; &, choſe ſingulière ! cet homme, qui déteſtait ſi cordialement la chicane, après avoir été *pendant plus de vingt ans en diſpendieux procès & y avoir employé la meilleure part de ſa vie*, — c'eſt ſon teſtament qui nous l'apprend, — quitta la vie ſans que ſes querelles litigieuſes fuſſent terminées.

Philibert Favre de Péroges, par une lettre du 30 ſeptembre, fit part au duc de Savoie de la mort de ſon père. « Il m'a recommandé, par ſon teſtament & avant de mourir, lui dit-il, de vivre dans la crainte de Dieu & dans une inviolable fidélité à mon ſouverain. — Il m'a donné ſes dettes en partage... Les procès & de fâcheuſes affaires ont uſé ſa vie. »

Le prince lui répondit, & Péroges l'en remercia.

René Favre voulut que ſa triſte expérience des luttes judiciaires profitât & à ceux qui ſeraient tentés de s'y expoſer trop légèrement, & à ceux qui s'y trouveraient engagés malgré eux; aux uns pour les en détourner, aux autres pour les guider au milieu des écueils dont la mer des chicanes eſt ſemée, à tous pour leur en inſpirer une ſage déteſtation. Dans ce but, il recommanda à ſes héritiers « de faire imprimer, dans l'année de ſon décès, « toutes les écritures en droit qu'il a faites dans « ſes procès, & de les recueillir toutes pour en « faire un petit livre; — & ce pour de bonnes

« & légitimes confidérations, & parce que le « public pourra en tirer inftruction & profit (1). »

Son teftament débute ainfi :

« Je René Favre, feigneur de la Valbonne, « baron de Péroges & d'Aiguebelette, feigneur « de Villaret, de Vaugelas & de ma maifon « noble de Premeiry, confeiller d'Etat de S. A. R., « premier fénateur & doyen du Sénat de Savoye, « préfident du confeil de Genevois &, afin que « ma poftérité le fache, le plus ancien officier de « S. A. R. deçà & delà les monts, ayant qua- « rante-neuf ans de magiftrature, fais ce mien « teftament... »

Dans cet acte, fidèle à fon caractère, qui le portait à tout régler & à ne rien laiffer à la difcuffion, il prend foin de rédiger fon épitaphe & il ordonne de mettre une pierre fur fa tombe où feront gravés les mots fuivants :

RENATUS FAVER, BARO, SENATOR ET PRAESES,
TANQUAM JOB EXPECTAT HIC DONEC
VENIAT IMMUTATIO SUA (2).

(1) Le teftament de René Favre eft inféré dans les procès-verbaux de la Chambre des comptes du Genevois (Manufcrits). Nous empruntons à M. J. Replat les paffages que nous en donnons ici. Il eft du 23 mai 1656.

(2) René Favre, baron, fénateur & préfident, attend ici, comme Job, le jour de fa transformation.

« Et y seront, ajoute-t-il, mes armes gravées
« avec celles de dame Andrée-Nicole de Chres-
« cherelle de Olandoz, ma tres aimée & regrettée
« femme. »

Parmi ses dispositions testamentaires, nous citerons les suivantes où se manifestent, en traits profondément tracés, & la foi de l'époque & les sentiments qui l'animaient comme magistrat :

« Je lègue, dit-il, à la pieuse Confrérie de la
« Sainte-Croix & du Saint-Crucifix, érigée en
« l'église de Saint-Jean, en la ville d'Annissy, soit
« des Pénitents-Noirs, la somme qui me sera due,
« pour le quartier dernier auquel je mourray,
« pour mes gaiges & pension de ma charge &
« office de président du Conseil de Genevois ;
« comme aussi le gaige du même quartier pour
« mon office de sénateur au souverain Sénat de
« Savoye, sçavoir : pour celui de président mille
« florins, & pour celui de Sénateur cinq cent seize
« florins & neuf solds, qui font en tout quinze
« cent seize florins neuf solds...

« Auquel légat j'impose ces charges & condi-
« tions, sçavoir : qu'ils bailleront charge à telle
« personne qu'ils voudront & désigneront, & à
« laquelle, lors de l'action, on fera porter une
« casaque de treillis noir, sur laquelle sera peincte

« la ſainte croix, & la dite perſonne lira & pro-
« noncera diſtinctement, en un billet imprimé, par
« les carrefours de la ville d'Anniſſy & ſes fau-
« bourgs, aux endroits qu'on a accoutumé de faire
« les criées, à haute & intelligible voix, tous les
« jours de mardi, à une heure après midy, en
« laquelle eſt le plus grand concours du marché
« de la ville, les paroles ſuivantes qui ſeront écrites
« de cette façon :

Gardez-vous de mal penſer, de mal dire & de mal faire.

Faites le bien pour l'amour de Dieu tant ſeulement.

Ne tenez point tort de perſonne.

Souvenez-vous de la mort
Et qu'il y a un paradis & un enfer pour jamais,
pour jamais, pour jamais.

REQUIESCAT IN PACE.

« Voulant eſpérer que quelques-uns des aſſiſ-
« tants diront *amen*. Or, j'entends que le dit per-
« ſonnage portera en main une clochette, qu'il
« ſonnera par trois fois au lieu où il prononcera
« telles paroles, pour donner advis & loiſir au peu-
« ple de l'aſſemblée.

« J'entends auſſi & prie MM. mes confrères,
« que, parmy les oraiſons que le preſtre dit après
« la bénédiction du Saint-Sacrement de l'autel, ils

« procurent & faſſent dire ces deux petites collec-« tes : *Deus qui corda fidelium*, &c..., & encore « une autre qui ſe lit en la meſſe en la veille du « jour de l'Aſcenſion de Notre-Seigneur : *Deus a* « *quo bona cuncta procedunt*, &c... C'eſt à l'in-« tention de prier Dieu qu'il lui plaiſe d'inſpirer « MM. les magiſtrats & tous officiers de juſtice « de bien rendre leurs devoirs en juſtice & de la « faire bonne & bribve (1), m'eſtonnant que juſ-« qu'à préſent on n'aye encore point compoſé ni « penſé à faire des prières à ces fins & à cette « intention pour une choſe ſi utile & néceſſaire « dans le monde, puiſque la juſtice eſt le ſoleil « qui produit & conſerve tous les biens politiques. »

Suivant le teſtament du préſident Antoine Favre, René eut cinq enfants : 1° François-Antoine ; 2° Charles-Emmanuel ; 3° Charles-Chrétien ; 4° une fille déjà morte ; 5° une autre fille.

Il faut en ajouter un ſixième : Gabriel-Philibert. François-Antoine décéda ſans enfants, ainſi que ſes frères & ſœurs, & Gabriel-Philibert continua ſeul la lignée. Il épouſa Marie, fille de Pierre de Buyn ou de Bain, dit Maréchal, baron de la Val-d'Iſère & vicomte de Tarantaiſe ; il eut ſept enfants.

(1) . . . fut ce dit royaume (de France) moult honoré..., parce que *juſtice en grant équité y eſtoit briebvement adminiſtrée.* — Ordonnances du Louvre, t. X, p. 436. Lettres patentes données à Troyes le 16 février 1417.

En 1649, René Favre de la Valbonne sollicite la place vacante de chevalier au Sénat pour le baron d'Aiguebelette, son fils aîné. Son frère Des Charmettes y possédait l'autre place de chevalier.

En 1650 il renouvelle la même demande, au décès du chevalier Nicole, neveu de sa femme.

En 1656 le marquis de Sales se démet, en faveur de Favre d'Aiguebelette, de sa charge de chevalier au Conseil de Genevois. En 1659 le Conseil fut supprimé. Au rétablissement du Présidial, il sollicita la charge de chevalier. En 1684, le 25 octobre, il la sollicitait encore & se disait « le pauvre chevalier d'autrefois. » Il rappelle qu'il est fils de la Valbonne, & il ajoute qu'*il n'a qu'un revenu annuel de* 300 *florins*.

« La lumière de la noblesse, disait Antoine Lemaistre, s'éteint dans l'obscurité de la fortune des nobles. » Hélas! René Favre avait en vain accumulé dans son testament, pour *maintenir en lustre sa maison*, toutes les dispositions que pouvait lui suggérer la prudence humaine : il ne put faire que cette maison échappât à la loi que signale le Philosophe de Port-Royal. L'obscurité de la fortune qu'il laissa à ses enfants l'emportait sur le lustre d'une noblesse qui « remontait au comte Vert, » & d'Aiguebelette resta toujours, paraît-il, *le pauvre chevalier d'autrefois*. Bien qu'Antoine Favre eût été premier président du Sénat & gouverneur de la Savoye, bien qu'il eût été l'ami de ſon ſouverain plutôt que ſon ſujet, il n'avait guère laiſſé à ſes enfants que le patrimoine qu'il avait reçu de ſes pères. René, ſon fils, en héritant de ſon ſavoir & de ſes vertus, vit également ſon bien décliner plutôt que s'accroître. C'eſt que l'héritage que ces hommes-là ſont appelés à laiſſer eſt dans leurs doctrines & dans leurs exemples; c'eſt l'humanité qui le recueille, ſelon ces paroles de l'Evangile : *Que votre lumière luiſe devant les hommes* (1) ! Et c'eſt là la glorieuſe miſſion par laquelle Dieu compenſe ici-bas pour eux la fortune qu'il leur refuſe; parce que, ne voulant pas que la richeſſe ſoit priſe pour une vertu, il ne veut pas non plus qu'elle puiſſe en paraître la récompenſe.

Nous nous bornerons, ſur la deſcendance des Favre, aux détails qui précèdent. On trouvera, dans un manuſcrit de Guichenon & de Collet, que poſſède la bibliothèque Mazarine, des renſeignements complets ſur la généalogie de cette illuſtre famille. Au dire de l'avocat Collet, de Bourg, elle ne préſentait plus que deux branches vers la fin du XVIIe ſiècle : celle de la Valbonne & celle des Charmettes. Selon le ſénateur Avet, dans ſon éloge du préſident Antoine, la poſtérité de Jean-Claude, cinquième fils de ce dernier, s'éteignit dans la perſonne de Claude-François, comte des Charmettes,

(1) Saint Matthieu.

ſon petit-fils. Celui-ci eut une ſœur, Sophie Favre, qui épouſa un marquis de Conzié, & dont la fille unique tranſporta dans la maiſon de Gerbaix de Sonaz la plupart des titres de ſa famille. Par cette alliance, les comtes & les chevaliers de Sonaz ſont aujourd'hui les ſeuls deſcendants connus du préſident Favre.

La correſpondance de René Favre de la Valbonne, exiſtant à Turin aux archives de l'Etat, commence le 18 janvier 1647 & finit le 18 ſeptembre 1654. Elle ſe compoſe de vingt-huit lettres.

Ces lettres (à l'exception d'une ſeule à un Mgr Pianeſſe de Saint-Germain) ſont toutes adreſſées à François-Guillaume Carron, comte & plus tard premier marquis de Saint-Thomas, premier ſecrétaire d'Etat & des commandements de S. A. R. depuis l'année 1637. Cette charge éminente de miniſtre demeura dans la famille de Saint-Thomas pendant trois générations.

Voici le jugement que porte de cette correſpondance l'homme d'Etat illuſtre à qui nous en devons l'obligeante communication. C'eſt un hommage qui manquerait à la mémoire de René Favre s'il ne trouvait ſa place ici :

« ... Cette correſpondance révèle les ſentiments d'une belle âme, d'un ami de ſaint François de Sales, d'un homme qui a la conſcience d'avoir bien mérité de Dieu & des hommes par l'œuvre qu'il a publiée ; d'un homme qui ne veut pas se venger, qui contient l'ardeur de ses nombreux parents à l'étranger, impatients de publier les détails de la persécution qu'il subit ; qui est navré de voir combien le Sénat a perdu dans l'opinion publique depuis cette persécution, & ne demande que justice. »

Il l'invoqua longtemps, hélas ! Mais on n'attend jamais en vain la justice. Il était réservé à la postérité de la lui rendre.

Arrivé au terme de cette étude, j'ai à m'acquitter d'une dette que je ne saurais trop reconnaître. M. Alliod, magistrat du tribunal de Valence, s'occupe d'une histoire complète du président Antoine Favre. Les nombreuses & intelligentes recherches que ce travail l'a conduit à faire l'ont mis incidemment en possession, au sujet de René Favre, de documents peu ou point connus qu'il s'est empressé de me communiquer. Ces documents étaient pour moi d'un prix considérable. J'en ai largement usé. Je dois donc beaucoup à l'honorable magistrat qui a bien voulu se dessaisir pour moi d'un bien dont les auteurs apprécient si justement la valeur. Qu'il veuille bien me permettre de lui en exprimer ici toute ma gratitude.

LE BIEN PUBLIC

POVR LE FAIT DE LA JVSTICE

LE

BIEN PVBLIC

POVR LE

FAIT DE LA IVSTICE

PROPOSÉ A MADAME ROYALE

MADAME CHRESTIENNE DE FRANCE

Duchesse de Sauoye, Princesse de Piedmont, Reyne de Cypre, &c.,

PAR

RENÉ FAVRE

Seigneur de la Valbonne & Villaret, &c., Baron d'Aiguebellette,
Conseiller d'Estat de S. A. R., Senateur au Souuerain Senat de Sauoye,

OEuure tres-necessaire pour le Public, & tres-vtile, particulierement pour tous ceux qui ont de l'employ aux affaires de Iustice.

ANNECY,
Par ANDRÉ LEYAT, en la ruë du Pasquier, 1646.
AVEC APPROBATION.

A MADAME ROYALE

MADAME

CHRESTIENNE

DE FRANCE

DUCHESSE DE SAVOYE, PRINCESSE DE PIEDMONT

REINE DE CYPRE

Tutrice & Regente des Estats de

S. A. R. CHARLES-EMANVEL

DUC DE SAVOYE, PRINCE DE PIEDMONT

ROY DE CYPRE, &c.

MADAME,

Si l'Empereur Iustinian se loüe d'auoir conserué son Empire, tant par ses Armes que par l'establissement de ses Loix : V. A. R. se peut bien donner justement vne loüange esgale pour auoir preserué ses Estats des inuasions des Ennemis à l'aide de ses Armes, & de les vouloir conseruer à present & proteger par la reformation des affaires de Iustice; & par mesme moyen j'oseray dire que comme cét Empereur ayant fait construire la somptueuse Eglise de saincte Sophie dans Constantinople, fit mettre la Statuë du Roy Salomon derrière la porte, se mussant & se cachant, comme s'il eust voulu dire qu'il n'osoit paroistre de la honte qu'il auoit voyant que ce superbe edifice surpassoit & deuançoit de beaucoup la magnificence de son Temple, qu'il auoit fait bastir pour vn miracle du monde sur le mont de Moria en Hierusalem. Aussi ce mesme Empereur à plus forte raison pourroit estre peint derriere les saintes Ordonnances que V. A. R. desire d'establir pour la honte & confusion qu'il pourroit auoir à les regarder en considerant qu'elles sont plus raisonnables & vtiles que plusieurs des siennes, ceste gloire appartenant toute à V. A. R. aussi bien que le dessein qu'elle en a heu: Ie ne suis pas si temeraire que d'y pretendre aucune part, me contentant de celle que j'ay d'obeyr aux commandemens qu'il luy a pleu de m'en donner par deux Lettres qu'elle m'a fait l'honneur de m'escrire, & du bon-heur que j'ay en luy proposant la matiere de ces Loix de monstrer exemple de vouloir faire ce que des autres plus capables que moy eussent peu mieux faire que moy. Ie prens encor à part vne satisfaction de moy-mesme: c'est qu'ayant accomply la volonté de V. A. R. j'ay suiuy par mesme moyẽ l'inspiration qu'autresfois me donna parmy la direction de mon ame, ce grand

Eueſque de Geneue, le B. H. François de Sales d'heureuſe memoire, lequel preuenant comme par eſprit prophetique l'honneur qu'elle me feroit de cét employ, m'en auroit déja donné des impreſſions & des ardens deſirs, m'aſſeurant que ie ne pourrois jamais rien entreprendre de plus aggreable à Dieu, que de rechercher les moyens de pouuoir retrancher la matiere des procés & leurs lõgueurs. A raiſon de quoy j'enuoye au iour ſous la protection & faueur de V. A. R. ceſte table d'attente, ou ie n'ay fait que coucher les couleurs, luy laiſſãt à en former le corps, en tirer les traits, & en donner l'air de vie comme il luy ſemblera. Que ſi quelqu'vn auec le meſme zele que i'ay, mais auec plus de raiſon & d'efficace, y veut ſuppleer ou oſter quelque choſe, ie ne laiſſeray pas d'en demeurer fort ſatisfait; puiſque mon deſſein ſera accomply, qui eſt d'y rencontrer la grande gloire de Dieu, y faire connoiſtre & reuerer la Voſtre, & ſoulager les peines du Public, me reſeruant ſeulemẽt le merite de l'intention, & du premier eſſay qui ſe ſoit fait de la ſorte, & d'auoir fait paroiſtre que i'ay eſté en ceſte occaſion, ainſi qu'en toutes autres

Madame, de V. A. R.

Tres-humble, & tres-obeïſſant Sujet & Seruiteur,

RENÉ FAVRE, *de la Valbonne.*

PREFACE.

L'INTEREST qui eſt juſte & legitime pour l'acquiſition ou conſeruation des biens de ce Monde, permet veritablement d'entrer en procés apres les propoſitions & eſſays des traités amiables : Mais la malice des hommes eſt venuë à ce poinɛ̃t, qu'eſtant les procés le quatrieſme fleau de chaſtiment dont Dieu ſe ſert, il y en a de ſi denaturés qu'ils s'y addonnent volontairement prenans du plaiſir dans la vexation d'autruy. Et la chicane a tellement corrompu le ſens commun, & la raiſon, qu'au lieu qu'on deuroit deſirer de treuuer la fin au commencement du procés on en veut tirer vn commencement de ſa fin meſme, & faire naiſtre vne Hydre à pluſieurs teſtes de ſa queuë. Tellement que comme vn oignon ne ſe forme que de pluſieurs peaux & tuniques enchaſſées les vnes dans les autres, les procés ſe compoſent dans leurs cours de pluſieurs poinɛ̃ts qui s'eſcoulent inſenſiblement à autant de procés tous enueloppés les vns dans les autres : ſi bien que dans la deciſion du principal, qui d'abord ſembloit toute ſimple & claire, ſe treuuent encloſes pluſieurs difficultés, qui ont obſcurcy l'affaire pour le vouloir eſclaircir, & comme les Philoſophes dient qu'il y a des parties d'vn corps qu'ils appellent homogenées & ſimilaires ; c'eſt-à-dire, qui ſont de la meſme nature, & denomination, comme par exemple toute partie d'vn bois eſt bois, & toute partie de chair, eſt chair, auſſi toutes les parties d'vn procés ſont procés, & n'en voulant entreprendre qu'vn ſeul, on ſe treuue engagé à pluſieurs, ſous le nom de celuy-là, qui vont multipliant quant & quant auec eux les trauaux, les ennuis & les deſpences. Et le grand mal-heur eſt, que la malice humaine ayant tant inuenté de maux, la bonté n'y a point encor treuué de remedes. Il les faudroit certes rechercher dans la fontaine meſme de bonté, qui eſt Dieu, afin que la charité qu'on auroit vers luy en produiſit vne ſeconde ſemblable vers le prochain, & ceſte-cy la paix du cœur interieure & exterieure dans l'intereſt des choſes temporelles. Conſiderant donc cette miſere publique & ce commun aueuglement, i'ay deſiré d'apporter quelque collyre & ſecours, & ay ſupplié Dieu, qui eſt le Soleil de Iuſtice d'enuoyer des raiſons pour l'adminiſtration de la Iuſtice, & de ſe ſeruir du canal de ma plume pour faire paſſer à la poſterité quelques ordres pour ſupprimer & corriger les deſordres, & empeſcher que la ruine du Public ne prouiẽne d'vne protection diſpendieuſe de la Iuſtice meſme, afin que l'incõuenient n'arriue plus, qui a accablé les gens juſques à preſent, que pour auoir ce qui appartient & qu'on n'a pas encor, on vienne à perdre & à conſumer ce qu'on a de plus liquide.

A raiſon de quoy ie preſente aux Puiſſances Souueraines des propoſitions & Ordonnances, leſquelles prenant force de leur authorité puiſſent exterminer ce Cerbere d'Enfer, & ſupprimer en partie cette engeance de ſerpenteaux, qui ſifflent & ſoufflent la diſcorde, & les differents parmy les hõmes, qui ſe vont dechirants les vns les autres dans les Tribunaux de Iuſtice. Or cõme le malheur des procez prouient de trois cauſes : ſçauoir, de la frequente & ambiguë matiere des controuerſes & contentions aux barraux : de la lõgueur & protelation des formalitez : & de l'iniquité des Iugements qui ſe rendent; i'ay creu qu'apportant quelque remede à ce chancre du Peuple, ie l'apporterois à la plus grãde calamité qui afflige les hommes apres le peché, voire aux pechés meſmes qui s'y commettent. Et partant ie fais quatre parties dans ce deſſein. La premiere portera la coignée aux racines des procez en extirpant les troncs des arbres qui portent de ſi mauuais fruicts, s'il plait aux Princes Souuerains d'authoriſer par Edits les Reiglements que ie leur preſente. La ſeconde partie retranchera plus de la moitié des pourſuites & formalités des procez qui reſteront à intenter. Et la troiſieſme marquera les moyens que les Souuerains pourront tenir pour eſtablir des bons Iuges & Magiſtrats qui ſoient capables & remplis de toutes les qualités neceſſaires pour diſtribuer la Iuſtice conformement au droict & à la raiſon & indiquera encor quelques inuentions à juger plus exactement. La quatrieſme marquera vn examen des pechez qui ſe peuuent faire dans le cours de la Iuſtice par ceux qui y ont de l'employ, afin de pouuoir empeſcher que l'integrité de la Iuſtice ſoit violée par l'iniquité & le peché. Lecteur ie te prie de prendre en bonne part ce mien deſſein quand meſme il n'auroit autre bien que ſon intention qui a eſté de porter de l'eau à ce grand feu de la chicane, de la diſcorde & de la longueur des procés qui conſument l'Europe, & deſire auec moy de l'eſteindre auec le ſecours de ces propoſitions, ſans regarder la main qui te les preſente.

AVX MONARQVES.

Monarques qui tenez dans vos mains redoutables
Le bon-heur & mal'heur de tout le Genre humain,
Si vous voulez donner des Loix bien proffitables,
Prenez-les hardiment de ceste bonne main.

L. D. S.

A L'AVTHEVR.

Tes Ayeuls ont estés Conseillers de leurs Princes,
D'Estat & de Iustice en leurs Cours & Prouinces,
Et ton Pere a esté l'Interprete des Loix,
Toy, des Loix sur les Loix tu conseilles aux Rois.

F. D. L. P.

PRE

PREMIERE PARTIE.

Propositions faictes d'vn reiglement pour supprimer les plus frequentes matieres des procés qui s'intentent par deuant les Tribunaux de Iustice.

PROPOSITION PREMIERE.

VX Testaments qui se feront à l'auenir, il ne sera loisible de faire ny en tirer aucun fidecommis coniectural ny tacite, ains il le faudra faire par parolles expresses, & le testateur deura mettre ses intentions tout au long, sans qu'on puisse recourir aux coniectures, ny aux opinions des Docteurs pour ce regard.

Cette Ordonnance sera tres vtile au Public d'autant que plusieurs Procés tres importants s'intentent pour des fidecommis qu'on veut induire & tirer des coniectures de la volonté du testateur en telle façon, qu'on suppose bien souuent, mesme selon l'opinion des Docteurs que le testateur ait voulu dire & ordonner des choses ausquelles il n'aura jamais pensé, & ainsi ses biens peuuent estre adiugés contre & outre son intention. D'où vient qu'à cause de l'incertitude de telles conjectures & de l'euenement des Iugements, plusieurs se hasardent de pretendre à tels fideicommis. Ce qui ne sera plus apres cette Ordonnance.

2. Quād le testateur voudra faire quelque substitution, il ne pourra vser du mot d'institution, ains il faudra qu'il vse de celuy de substitution, ou de substituer. Et cela sera entendu pour toute sorte de substitution selon le cas qui sera arriué & purifié, tout ainsi que s'il auoit marqué le genre de la substitution escheuë au cas qui se presente, pourueu que la substitution soit expresse comme a esté dit.

C'est pour retrancher les doutes frequents qui arriuent aux matieres testamentaires, quand on dispute si le testateur a voulu faire des substitutions vulgaires, ou pupillaires, ou exemplaires, ou fidecommissaires, & si le mot de substituer est direct, ou oblique ou commun, & si le mot d'instituer veut dire substituer.

3. Quand il aura esté dit en vn testament que le testateur substitue les siens, ou les leurs, sera entendu qu'iceux ne succederont que successiuement, & apres les premiers instituées selon le cas escheu de la substitution.

C'est esteindre les procés qui se meuuent si souuent sur cette difficulé, & cela repond mieux au sens commun de la volonté du testateur.

4. Si le testateur vse generalement du mot d'enfans, ou des siens, ou des leurs, cela sera entendu tant des sexes feminins que masculins, encor qu'on ait fait mention auparauant ou apres des masles & qu'on ait enioinct de porter le nom & les armes.

Cela eſt ſelon la ſignification de tels mots. Et ſi le teſtateur veut appeller les maſles ſeuls, il le doit dire par exprés, ſans vſer des mots qui comprennent les filles.

5. En toute ſorte de teſtament & fait par qui que ce ſoit, on entẽdra touſiours la clauſe Codicillaire y eſtre contenuë, comme auſſi la donation pour cauſe de mort, & ce qui y ſera donné aux enfans par quel titre que ce ſoit, ſera entendu que ce ſera par droict d'inſtitution particuliere.

On leuera par ce moyen la difficulté qu'on fait en droict, ſi autrement le teſtament eſt valide, & comme il ſe peut ſouſtenir.

6. Les fidecommis n'auront plus lieu pour les teſtaments qui ſe feront à l'aduenir, ou pour les cas qui eſcherront dés maintenant que pour deux degrez effectifs, ſans y comprendre celui de premier heritier inſtitué, ſauf à les pouuoir rafraiſchir par parolles expreſſes.

Cét article regarde l'vtilité publique des acheteurs & poſſeſſeurs de bonne foy, qui n'auront peu ſçauoir les fidecommis anciens ſur les biens qu'ils ont acquis, & partant l'Edit & la loy qui les limitent au quatrieſme degré, ne ſemblent pas d'y auoir aſſés bien pourueu; parce qu'on ne les peut ſi facilement ſçauoir à tant de degrés.

7. Le teſtateur pourra defendre la trebellianique & la falcidie à ſes heritiers, voire meſme à ſes enfans en premier degré : mais non pas la detractiõ de la legitime.

Cecy eſt pour conſeruer les fidecommis & les maiſons en leur entier, car autrement la legitime & Trebellianique emportant la moitié de l'hoirie, & quelquesfois d'auantage, ſelon le nombre des enfans, il arriue que les fidecommis ſont reduits à peu, & encor ce qui reſte ſe conſume en la pourſuitte qu'on fait pour la declaration du fidecommis & pour le droit des emolumens qu'il faut payer, outre qu'il faut detraire les debtes du teſtateur, les legats qu'il a faits, les dotes, & les frais funeraux. Tellement qu'on a accouſtumé de dire qu'vn fidecommis eſt vne boite pleine de mouches, en laquelle il ne reſte rien apres qu'elle a eſté ouuerte. Et ainſi les volontés des teſtateurs qui ont voulu conſeruer leurs biens dans leurs maiſons & familles, ſe treuuent deceuës & defraudées.

8. On ne pourra faire declairer ouuert vn fidecommis qu'auec celuy qui ſeroit capable de ſucceder aux biens, & ſeront les tiers poſſeſſeurs des biens fidecommiſſés appellés pour aſſiſter à ladite declaration, & à faute de ce, telle declaration ne pourra preiudicier à ceux qui n'auront eſtés appellés. Et pour euiter la deſpenſe & longueur, du conſentement deſdits intereſſés, le fidecommis pourra eſtre declaré ouuert & purifié extraiudiciellement par bon acte authentique, eſtant ce que deſſus obſerué, & à la forme ſuſdite.

C'eſt pour empeſcher vn grand inconuenient, qu'on a veu ſouuent arriuer, que ceux qui veulent faire declairer vn fidecommis en leur faueur, s'adreſſent à quelque poſſeſſeur particulier auec lequel ils auront de la conniuence, ou qui en poſſedant bien peu ne voudront plaider & ſe defendre fortement, & ayant obtenu iugement d'ouuerture de fidecommis contre telle perſonne, voudront executer en ſuitte de ce iugement contre tous les autres poſſeſſeurs, ſur ce pretexte que tel iugement eſtant vniuerſel, il concerne, & touche tous les autres particuliers intereſſés, & les affecte, encor qu'ils n'ayent eſtez auparauant citez ny oüis. Ce que certes a de l'iniquité.

9. L'Heritier auec benefice de l'inuentaire & de la loy, ne ſera iamais ſaiſi des biens & effets hereditaires, ny exigera aucunes creances, quelle caution qu'il donne, qu'apres que la diſcuſſion aura eſté vuidée & les biens vendus, & les creanciers payés des prix & deniers en prouenants, & cependant le tout demeurera entre les mains du Curateur eſtably, auquel ſera donné gage & ſalaire competent par le Iuge, lequel pourra mouuoir les actions, exiger l'argent, à condition d'en apporter quant & quant l'argent au

Greffe, dans vn fac fcellé & cacheté, apres qu'il aura efté compté, & dont il tirera defcharge, fauf à l'heritier de pouuoir payer des creanciers du fien propre, fi bon luy femble, & de fe faire ceder les droits, fans neantmoins qu'il puiffe fous tel pretexte entrer en poffeffion, qu'apres la vente faite. Et en tant que concerne le refidu de l'Edict de l'an 1598, fait pour le fujet des heritiers beneficiels, & inuentaires, fera punctuellement & irremiffiblement obferué felon fa forme & teneur.

Voicy vn des plus falutaires remedes pour le public, car l'experience fait voir, qu'il vaudroit quafi mieux aux creanciers hereditaires de quiter & abandonner leurs creances que d'en faire la demande dans vne difcuffion, parce que par la tergiuerfation d'vn heritier qui joüit pendant l'inftance de difcuffion, on n'en peut jamais voir la fin, voire mefme apres les cinquante ans. Les heritiers protelans toufiours le iugement & fon entiere execution, pour ouïr d'vn bien lequel ils voient qu'ils ne leur peut demeurer ou pour faire venir à quelque party & indeuë compofition, vn creancier qui languit & fe ruine parmy les pourfuites, au lieu que fi le fufdict Edict eftoit inuiolablement obferué, & que l'heritier ne fut en poffeffion d'aucune chofe de l'hoirie, il ne chicaneroit de la forte, & de peur d'eftre declaré heritier pur & fimple à la forme de l'Edict fufdit, il tiendroit main que la difcuffion fuft vuidée dans l'année, & les biens hereditaires fuffent auffi iudicielle-ment vendus.

10. Quand l'hoirie fera deferée à quatre freres d'vn cofté, & a vn leur coufin germain qui fe treuuera tout feul de fa ligne : ceftuy-cy feul ne pourra pas auoir d'auantage que chacun des autres quatre, deuant tous fucceder par teftes & non par fouches.

C'eft pour decider la grande difpute de l'Accurfe & du Bartole, contre Azo, & plufieurs autres Docteurs, que des Cours de Parlements ont fuiuis ; & la raifon en eft, parce qu'en tel cas il n'y a point de droict de reprefentation ains la fucceffion eft deferée egalement à chacun. Et partant il eft bien raifonnable qu'ils fuccedent par teftes & non pas fouches.

11. Il ſera permis aux teſtateurs de defendre à leurs heritiers de ſe porter heritiers auec benefice de la loy & inuentaire, demeurants iceux aux termes du droict ancien auant l'introduction dudit benefice d'inuentaire.

On leue par ce moyen la diſpute qu'on fait mal a propos, ſi le teſtateur le peut faire abuſant de cét Axiome de droit que perſonne ne peut faire que les Loix n'ayent lieu en ſon teſtament.

12. Les frais de l'inuentaire ſolemnel ne ſe prendront ny payeront plus auant les creances de l'hoirie ſoit hypothecaires, ou chirographaires, mais ſeulement auant les legats faits par le teſtateur.

Il eſt bien raiſonnable d'abolir la loy de Iuſtinian en cecy, puiſque c'eſt faire tort aux creanciers legitime hereditaire, de faire qu'vn heritier diſtraiſe tels frais & deſpens à leur preiudice, & que par ce que l'heretier a voulu pourvoir à ſon aſſeurance, pour n'eſtre tenu aux charges, outre les forces de l'hoirie par le moyen de tel inuentaire, les pauures creanciers viennent à perdre le leur à faute qu'à cauſe des frais de c'ét inuentaire, il ne reſtera plus rien dans l'hoirie pour les pouuoir ſatisfaire. Ce qui eſt entierement inique & inſupportable; ioint que cela ſera que tant de gens ne ſe declarerõt heritiers auec benefice d'inuentaire quand les frais en tomberont ſur eux, & non ſur les creanciers ſauf a eux de ſe preualoir de tout ce qui reſtera en l'hoirie les creanciers eſtant payés. Et ils auront encor cét aduantage qu'ils pourront diſtraire tel frais de l'inuentaire ſolemnel auant les legats, parce que ſe ſont des pures liberalités que le teſtateur a faites aux legataires leſquels n'ont pas ſemblable ſujet de ſe plaindre de telle anteriorité de detraction comme ont les creanciers qui ne demandent que le leur & le dedommagement, & non le profit, ainſi que les legataires.

13. On ne poura jamais agir en vertu de quelque conuention & promeſſe qui paſſe la valeur de cent florins de Sauoye, qu'il ne s'en conſte par eſcrit.

C'eſt pour euiter la multiplicité des procés qui s'intenteroient ſur des parolles legerement proferées, ou pour n'eſtre point ſujet de faire des enqueſtes à tout propos, & s'aſuietir à la depoſition des teſmoins qui peuuent eſtre ſuſpets & subornez, que ſi la choſe eſt de ſi petite conſequence qu'elle ne ſoit de la valeur de cent florins, elle ſe pourra decider ſommairement par ferment ou par teſmoins, d'autant qu'il ſeroit trop incommode pour le commerce, s'il falloit touſiours auoir vn Notaire auec ſoy, meſmes pour les ventes & achapts. Cecy eſt tiré de l'Ordonnance de Moulins, qui ordonne le meſme pour regard de cent liures.

14. En tous contracts ſeront entenduës & tenuës pour inſerées les clauſes qui ſont ordinaires & accouſtumées en iceux, comme eſt la clauſe de conſtitut, l'obligation des biens, les ſtipulations & acceptations, les renonciations generales, que les teſmoins ayent eſté priés d'eſtre teſmoins, meſmes en teſtament. Aux fidejuſſions & cautions, la renonciation à l'ordre & à la diſcuſſion, mais non pas celle de chacun pour le tout; parce qu'elle n'eſt pas de l'eſſence dudit contract. Et ne ſera auſſi jamais entenduë en point d'acte, aucune obligation de corps puiſque tel veut bien obliger ſes biens, qui ne veut ny meſmes peut obliger ſon corps & ſa perſonne.

C'eſt vn remede pour empeſcher que l'ignorance d'vn Notaire ne puiſſe preiudicier aux parties leſquelles ont creu de bonne foy qu'ils appoſeroit toutes les clauſes accouſtumées pour mieux aſſeurer l'affaire, car on voit autrement que tel contract n'opereroit pas tant, ayant eſté receu par vn Notaire incapable & ignorant, que s'il fuſt eſté receu par vn bien habille, & bien verſé en ſon art.

15. Quand quelqu'vn aura vendu vn fonds & n'aura eſté payé du prix la clauſe de la ſpeciale hypotheque du fonds vendu pour le payement, ſera touſiours entenduë au contract de vente, & ſera le vendeur preferé pour le payement du prix ſur la choſe venduë à toute ſorte de creanciers anterieurs de l'achepteur, encor qu'il n'y ait

aucune cõuention expreſſe d'hypotheque ny de preference.

Par ce moyen on euite vn grand inconuenient qu'on a veu arriuer, que le vendeur a perdu ſon bien & ſon prix, lors que lés creanciers anterieurs de l'achepteur ont agy ſur les biens qu'il auoit acheptés, qui ſe ſont treuués hypothequés dés que le debiteur s'eſt treuué auoir acquis ledit bien, comme ayant ja auparauant hypothequé tous ſes biens futurs & à venir, auec les preſents.

16. Quand on payera quelque creancier d'vn autre, on entrera touſiours au lieu & place du creancier, encor qu'il ne ſoit dit ny conuenu, & les clauſes des contracts qui contiennent les droits payés, ſeront tenus pour cedées expreſſement, pourueu que celui qui aura payé pour le debiteur l'ait liberé & acquité veritablement, & que celui à qui il aura payé, fut legitime & vray creancier.

Ce ſera ſupprimer vne difficulté qui arriue ſouuent : ſçauoir, ſi quand quelqu'vn paye pour vn autre il entre en la place du creancier, & ſi les clauſes des contracts luy ſont transferés ſans aucune ceſſion conuenuë auparauant eſtant arriué à pluſieurs, que l'argent qu'ils auoient deliuré de bonne foy a eſté perdu par le moyen de l'action que des creanciers ont intentée ſur les biens de leur debiteur, n'ayant l'achepteur deſdits biens aucune ceſſion des autres creanciers qu'il auoit payé pour le debiteur en leur deliurant le prix deſdits biens.

17. La femme qui aura cautionné & intercedé pour ſon mary ou pour vn autre, ne pourra jamais en eſtre releuée ſous quel pretexte que ce ſoit, voire de crainte ou de force, pourueu qu'il ſoit dit au contract qu'elle renonce au S. C. Vellejan, & qu'elle ſçait bien qu'il defend aux femmes de promettre & cautionner pour autrui, & qu'elle jure ſur les ſainctes Eſcritures de Dieu, qu'elle n'y a eſté forcée ny contrainte par ſon mary, ny par aucun autre. Et ne pourra icelle femme obtenir ny ſe preualoir d'aucune abſolution de ſerment, n'y de relief quel qu'il ſoit.

Le Roy Henry le Grand auoit fait vne femblable Ordonnance en France, pour euiter les fraudes qu'on faifoit faire aux femmes, lefquelles cautionnoient par conniuence pour quelqu'vn, & apres fe faifoient releuer de leurs promeffes. Tellement que ceux qui auoient acquis de leurs maris, ou qui leur auoit prefté d'argent fe treuuoient deceus & trompés, lors que la femme fe venoit oppofer contre eux, & à prendre vn relief de ce qu'elles auoient cautionné contre la prohibition du S. C. Vellejan. Et encor apres l'Edict du Roy les femmes s'eftoient aduifé d'vne autre rufe, fe voulans faire releuer non pas en vertu du Vellejan, mais allegant qu'elles y auoient eftés forcées par menaces, ou par coups. Ce qui a occafioné de mettre en cét Article qu'elles ne pourroient eftre releuées fur ce pretexte, apres qu'elles auront juré à la forme qu'il eft dit cy-deffus; puifqu'elles fe deuront imputer pourquoy elles auront juré fauffement, fi elles y ont eftés forcées, & celuy qui aura contracté auec elles, fera digne de fecours en cecy contre elles, ayant crû legitimement qu'elles juroient plutoft fur la verité que fur le menfonge, ce parjure n'eftant à prefumer en vne perfonne quelle qu'elle foit, qui porte le nom de Chreftien

18. La fille à laquelle fera conftituée dot par fon pere, pour tous fes droits & biens paternels & maternels, ne pourra alleguer que s'eft tant feulement pour les droits paternels; pourueu que la conftitution de la dot refponde à la legitime, qu'elle euft dû auoir en ce temps-là du pere & de la mere, à raifon des biens & moyens que tous deux auoient du temps de cefte conftitution dotale.

Vn grand fujet de procés eft leué par cecy, d'autant que la loy finale, *C. de Dot. promiff.* dit que telle conftitution de dot s'entend feulement pour les droits paternels, & non maternels; parce que s'eft l'office du pere de doter la fille, & non de la mere, & bien que déja quelques Docteurs fuffent de l'opinion de cét Article, cela neantmoins ne demeuroit pas fans difficulté.

19. La fille qui aura efté dotée competemment; c'est-à-dire, felon fa legitime d'alors, & aura renoncé, ou cedé & quitté à celuy qui l'aura dotée fa fucceffion, ou à fes

freres & sœurs, auec ferment sur les sainctes Escritures, à genoux entre les mains d'vn Notaire disant ces mots, qu'elle jure de renoncer dés lors & quitter les successions pour regard desquelles elle aura esté dotée, ne pourra jamais estre releuée encor qu'elle fut mineure de vingt-cinq ans, ny se preualoir d'aucune absolution de serment pour ce regard, ny mesme sur le pretexte de la force & violence qu'elle allegueroit de luy auoir esté faitte, pourueu qu'elle jure aussi à la mesme forme que dessus, qu'elle n'y a esté forcée ny contrainte, & que le cõtract porte & declare expressement que le serment ait esté presté à la forme susditte par deuant le mesme Notaire & tesmoins qui ont assisté audit contract.

Par ce remede on leue la matiere à plusieurs procés qui naissent fort frequemment de telles renonciations, & quand la fille sçaura cecy, elle n'aura garde de dire telles parolles, si elle n'a pas ceste intention de renoncer aux successions futures. Ou bien elle se deura imputer pourquoy elle aura ainsi juré, sçachant bien qu'elle doit obseruer son serment; & par ce moyen les freres ne seront plus troublés apres la mort de leur pere & de leur mere par les sœurs qui veulent venir à nouueaux droits.

20. La femme pourra consentir à l'alienation de ses hypotheques dotales sans y pouuoir recourir & y reuenir, si en ce temps-là il lui restoit assés pour estre satisfaicte des biens de son mary pour sa dot & pour son augment.

C'est pour esclaircir la loy *Jubemus, C. Ad S. C. Velleian.* Et afin qu'apres ceste Ordonnance les maris treuuent plutost des achepteurs de leurs biens, qui autrement se rendroient retenus & difficiles, à achepter à cause des hypotheques anterieures des femmes.

21. Quãd vn mineur de 25. ans aura fait vendre son bien par permission & decret de Iustice, & qu'il aura esté vendu & expedié au plus offrãt & dernier encherisseur,

encor qu'il n'ait point eſté ſubhaſté, ne pourra faire reſcinder la vente ſous pretexte de ſa minorité & leſiō, ſinon qu'icelle fuſt enorme & doutre moitié.

La condition du mineur de 25. ans à cauſe du priuilege de ſon âge luy preiudicioit, parce qu'eſtant en neceſſité de vendre il ne treuuoit pas des achepteurs d'autant qu'ils craignoient que le mineur par la faueur de ſon âge, ne peut eſtre releué & reſtituer en entier pour la vente, & tel danger ſera leué par cette precaution.

22. Tous les ſerments apposés aux actes & cōtracts, tant de mineurs de femmes, & autres quelconques, ſinō qu'ils ſoient impuberes, tiendront ſans eſperāce d'abſolution du ſerment ny de relief, ſinon au cas qu'il y interuint dol, ou ſurpriſe de la partie, ou force & violence reelle & effectiue, ou qu'il y ait leſion d'outre moitié, pourueu qu'il ſoit dict dans l'acte par deuant le meſme Notaire & teſmoings, qu'en la paſſaſſion d'iceluy le ſerment ait eſté preſté à genoux ſur les ſainctes Eſcritures de Dieu, entre les mains du Notaire qui aura receu ledict acte.

Cecy abat tant de relief & abſolutions de ſerment qu'on prend mal à propos, leſquelles ſe donnent à qui les demandent ſans aucune cognoiſſance de cauſe, y ayant eu vn grand abus iuſques à preſent, que moyennant vne abſolution du ſerment qu'on alloit prendre au greffe de l'Officialité, on ne faiſoit non plus eſtat du ſerment que ſi on n'en n'euſt point appoſé, & que s'il n'y euſt point eu de contract paſſé, trompant ainſi les contractants, & l'effect du ſerment qui doit valider vn contract inualide à faute de l'obſeruation de quelque ſolemnité à la forme de l'authentique, *Sacramenta puberum, C. ſi Aduerſ. Credit. reſtit. in integ. poſtul.* & du droict Canon qui veut que touſiours le ſerment ſoit gardé, qui ſe peut obſeruer ſans preiudice du ſalut eternel. Que doncques les mineurs & les femmes regardent bien auant que de preſter tel ſerment qui leur peut preiudicier. Et afin que telles perſonnes y penſent plus ſoigneuſement. Il eſt dit qu'ils preſteront tel ſerment ſur les ſainctes Eſcritures de Dieu à genoux entre les mains du Notaire, afin qu'ils regadent ce qu'ils vont faire? & qu'ils ſçachent qu'ils jurent & promettent à Dieu meſme & non pas au Notaire, qui ne ſert que d'organe & de miniſtre de laditte preſtation de ſermẽt.

23. On ne s'enquerra plus pour la validité d'vn acte ou contract, ſi les parties auront ſigné en la minute du Notaire, où ſi les teſmoings qui ſçauẽt eſcrire auront ſigné, pourueu que trois teſmoings ayent eſté preſens, & que le lieu de leur origine & preſente habitation ordinaire ſoit apposée audit contract; il ſuffira neantmoins que deux qui ſçauront eſcrire ayent ſigné. Que ſi neantmoins les parties ou les teſmoings ſçauent eſcrire, le Notaire les fera ſigner à peine de cinquante liures fortes damende, declarée des ores contre tels Notaires, qui y auront manqué, ſans preiudice neantmoins de la validité de l'acte, ayant eſté obſerué ce qui eſt marqué cy deſſus. Et eſt enjoinct aux Notaires de prendre trois teſmoings lors qu'il y en aura deux qui ne ſçauront pas eſcrire, & qui ne peuuent pas ſigner à la meſme peine de cinquante liures fortes dés maintenant declarée.

On voit tous les jours en practique des grands inconuenients & iniquités par la rigueur de l'Edict du Duc Charles Emanuel, lequel neantmoins auoit eſté fait à bonnes fins, qui declare les actes faux & nuls receus par Notaires à faute d'auoir fait ſigner les parties & les teſmoins lors qu'ils ſçauẽt eſcrire : car à tout coup on diſpute en Iuſtice, ſi les parties ou les teſmoings ſçauoient eſcrire, & s'ils ont ſigné, & à qui il appartiẽt de prouuer, ainſi on arreſte le cours & la deciſion des procés & actions intentées, & contre la verité & bõne foy, on debat & declare-on nuls tels actes & contracts qui ont eſté paſſés reellemẽt & effectiuemẽt, d'où s'en ſont enſuiuis pluſieurs Iugements du Senat, meſmes contraires. Et il n'y a gueres de procés depuis le ſuſdit Edict, qu'on ne puiſſe accrocher & peruertir par ce moyen. Les parties ſouffrant ainſi de l'ignorance, ou inaduertance du Notaire ſans qu'elles en ayent aucun tort. Eſtant bien inique qu'vn bon homme qui n'aura rien ſceu de l'Edict quand il a contracté de bonne foy, demeure fruftré & priué du profit de fon contract, & par ce moyen vienne à perdre fon bien. Or eft-il que cét article remedie à cela, fauf à chaftier le Notaire, qui a deu fçauoir & faire fõ meftier, & neantmoins afin que les fainctes intentiõs de cét Edict foyent fuiuies, on ordonne pour euiter les fauffetés, qu'on mette prefens trois tefmoings au lieu de deux, finon que deux fignent. Et cette precaution obuiera plus aux fauffetés, d'autant que l'Edict ny remedioit pas lors que les parties & les tefmoings ne fçauoient pas efcrire, qui eft le cas le plus frequent ou fe commettent les fauffetés, au lieu que cette Ordonnance remedie en ce cas mefme, enioignant de mettre trois tefmoings auec le lieu de leur origine & demeure ordinaire, veu qu'il ne fera fi facile, en ce fait de feindre & fuppofer des noms de tefmoings, ny de trouuer trois faux tefmoings comme on en trouueroit deux feulement.

24. Tous ceux qui feront appellés à quelque fucceffion par teftament ou *Ab inteftat*, feront tenus & cenfés d'auoir acceptée l'hoirie, comme auffi les legats & fidecõmis finguliers, finon qu'ils ayent dés le iour du decés exclufiuement du defunt repudié dans trente iours lefdites fucceffions, legats & fidecommis finguliers, par acte figné par Notaire, & deux tefmoins qui ayent figné, ou trois qui n'ayent fceu figner. Ce qui aura ainfi lieu pour les fidecommis vniuerfels. Le tout fans preiudice des inuentaires folemnels, & de fe dire dans ledit temps de trente iours heritiers auec benefice de la loy & inuentaire, à faute dequoy feront tenus pour heritiers purs & fimples, exceptés ceux qui du temps du decés & de la delation des fucceffions ne fe treuueront dans le reffort de la Prouince & du Senat, pour regard defquels font donnés trois mois dés ledit iour du decés exclufiuement.

C'eft pour fupprimer des grands incidents, qui arriuent aux procés, fur la difficulté, fi tel qui a efté appellé à la fucceffion a adi l'hoirie ou non, & accepté le legat ou fidecommis fingulier : car il femble que la neceffité qu'on enioinct de faire apparoir & preuuer l'acceptation foit vne pure chicane de droict, veu qu'il faut prefumer & croire, que les fucceffions, legats & fidecommis eftant pour l'ordinaire plus aduantageux qu'onereux & dommageable, ceux qui ont peu s'enquerir l'ayent auffi voulu auoir, finon qu'on monftre qu'ils l'ayent par exprés repudié, s'eftant apperceu des charges qui y eftoiẽt joinctes. Et il ne fe peut plaindre d'eftre tenu & reputé pour heritier pur & fimple, attendu que dans le fufdit temps, il s'eft peu pouruoir par l'acte de repudiation ou par la declaration d'eftre heritier auec benefice de la loy & inuentaire, à la forme du droict.

25. Quand quelqu'vn voudra vendre vn bien pour le prix excedent deux cens florins de Sauoye, l'achepteur s'il veut eftre affeuré dudit bien, le fera publier au banc du droict du lieu, & encor le iour du Dimanche à l'iffuë de la grande Meffe Parrochiale du lieu où les biens font fitués, & fera affiché l'efcriteau audit banc du droict, & encor publié & affiché en la Ville principale de la Prouince où la Iuftice s'exerce, dequoy tout fera tenu regiftre à part en la Chatelainie du lieu, & atteftation dreffée & fignée par les Chaftelain & Curial dudit lieu, tous deux enfemble, pour regard dequoy l'achepteur payera 2. florins pour retirer led. acte, & en cas que le bien qu'on vẽdra foit fitué dans quelque Ville ou dans le reffort de fa Iurifdiction, tout ce que deffus fe fera. Et encor fera publié & crié par les carrefours ordinaires de laditte Ville, & les affiches mis aux lieux accouftumés. Dequoy tout fera dreffé procés-verbal & exploict que l'achepteur pourra retirer pour fon affeurãce, & cela eftant fait ainfi, & cette forme eftant gardée, fi quelqu'vn pretend droict fur les fonds expofés en vente, il ira dans le greffe de la Chatelanie dans 30. iours apres celuy des criées, pour declarer les droicts & pretentions qu'il a fur lefdits fonds, & en vertu de quel titre il les a. Que fi quelque pretendant lors defdites criées fe trouue abfent de la Prouince foit du païs, le terme fera pour fon regard de

ſoixante iours. Et le tout ayant eſté faict & obſerué de la ſorte, nul pretendant droit ne pourra en apres ſuſciter aucune moleſtie ny procés à l'achepteur ſur les fonds par luy acquis, s'il n'en n'eſt allé faire ſa declaration & proteſtation au greffe, ſinon que pour le fidecommis le cas ne fuſt pas encore eſcheu en ce temps-là, & auſſi pour la reſtitution des dots le cas ne fuſt pas arriué. Et quant aux pupils intereſſés en leurs pretentions, le meſme aura lieu contre eux, ſauf leurs recours cōtre leurs tuteurs pour la negligence de laquelle ils auront vſé, ne s'eſtans voulu pouruoir au nom de leurs pupils ainſi que tout autre bon, & diligent & bien aduiſé pere de famille euſt fait, & c'eſt tant ſeulement en cas que le tuteur ou ſa caution ait dequoy en reſpondre, autrement cecy n'aura pas lieu contre eux.

Voicy le plus grand & le plus important article de tous pour le bien public pour ſupprimer les procés : car on ne voit quaſi autre dans les barraux & Tribunaux de Iuſtice, que dés procés intentés contre des achepteurs & bien tenans ſur le ſujeɛt des hypotheques & fidecommis écheus, au lieu que ſi les pretendans n'ont fait la declaration ſus mentionnée, ils ne pourront plus intenter telles aɛtions, & les achepteurs par ce moyen ſeront aſſeurés, auſquels on ne pourra pas tant imputer d'auoir acquis qu'aux pretendants droiɛts qui n'auront pas voulu faire la declaration & proteſtation qu'ils pouuoiẽt faire pour ſe conſeruer leur droiɛt, & qui l'ayãt teu pout deceuoir vn achepteur & acquereur de bonne foy, ſe ſeront trompés eux meſmes. En quoy on voit l'vtilité du Public la plus euidente & commune qui puiſſe jamais eſtre dans le commerce & ſocieté des hommes; & ſur tout que cela eſt conforme au droiɛt eſcrit y ayant texte formel de cette Ordonnance en la loy, *Si eo tempore. C. De Remiſſ. Pignor.* & à l'Ordonnance de France pour les ventes faittes par decret. Que les pretendans droiɛt ſoyent donc diligens à les intenter, & vigilans aux lieux ou les biens qu'ils pretendent ſont ſitués. On a mis icy pour les fonds excedants le pris de deux cents florins pour ne faire tant de ſolemnité en ce qui eſt de moindre conſequence, de peur d'empeſcher les menuës ventes, & cela n'empesche pas qu'en telles ventes si les parties veulent, le mesme ne puisse estre obserué.

26. Le vendeur sera tenu & obligé d'exiber à celuy qui voudra achepter de luy le cõtract de l'acquisition qu'il aura faite du bien qu'il veut vendre ; comme aussi les testaments de ses pere & mere, ayeul & ayeule si ledict bien en est prouenu, & s'il les a en son pouuoir, ou de ce purger par serment, à genoux & teste nuë sur les sainctes Escritures entre les mains du Notaire, qu'il ne les a pas, ny sçait ou ils sõt, ny laissé de les auoir, par aucun dol, comme aussi exhibera son contract dotal, & du moins encor celuy de sa mere. Et sera faite mention au contract de vente que toutes ces incombences ont esté faittes par deuant les mesmes Notaire & tesmoings.

Cét article seconde le precedent, parce qu'on ne sçauroit trop pouruoir aux asseurances des achepteurs, lesquels ayant bien payé le prix courent fortune bien souuẽt de perdre le bien qu'ils ont acheptè, & se consument encor en procés, & leurs moyens pour se defendre contre des hypotheques anterieures dotales, ou d'autres, ou des fidecommis contenus en des testaments faits sur tel bien ; & par le moyen de cét article, les achepteurs pourrõt auant que d'achepter s'instruire de tels actes, s'il y a quelque fidecommis ou hypotheque dotale sur tels fonds qu'il veut achepter, ainsi que les publiques insinuations des Donations ont esté introduites, afin que ceux qui voudront contracter auec le donateur puissent sçauoir que celuy-là n'a plus en son pouuoir & domaine ledit bien qu'il a donné, & partant qu'il ne pourra pas auoir recours sur iceluy, ny l'hypothequer en faueur de son creancier.

27. La quitance que le Seigneur fera du laod par deuant Notaire pour les biens vendus, portera le roolle & confins des pieces venduës, & sera permis au Seigneur d'en retirer vn extraict en bonne forme & deuëment signé, lequel il pourra joindre & compiler dans ses Terriers, & cela lors seruira d'vne expresse recognoissance des biens vendus au

preiudice de l'achepteur, qui aura payé le laod tout ainsi, & tout autant que si la recognoissance expresse en auoit esté faitte par deuant quelque Commissaire ; & dans laditte quitance sera dit, de qu'elle condition sont les pieces, ou franches, ou conditionnées, puis qu'ayant treuué le fief, on aura aussi trouué les conditions sous lesquelles elles auroient esté recognuës.

Voicy l'vnique moyen pour secourir la pauure Noblesse qui se plaint d'auoir tant de peine à faire renouer ces Terriers y employãt chaque fois la moitié de la valeur de leurs rẽtes ; au lieu que par ce moyen leurs recognoissances se treuueront insensiblement faittes à peu de soing & de frais, puis que telle quittance pourra passer pour vne authentique recognoissance & on ne sera point en peine d'y passer par tant d'extraicts *d'Agenda* qu'ils appellent, & de minutes.

28. La prescription de cinq ans pour les seruis n'aura plus lieu en faueur de ceux qui auront recognus ou qui auront payé deux fois par le passé, sinon que dans le mois apres le terme que le seruy est deu, ils ayent interpellé par Notaire le Seigneur de venir exiger les seruis & deuoirs, ou qu'ils en ayent fait vne consignation signifiée au Seigneur.

La raison en est, parce que tels possesseurs sont de mauuaise foy, & qu'ils retiennent le bien d'autruy.

SECONDE PARTIE.

Des moyens de l'acceleration & abbreuiation des procés intentés.

TOVS cõpromis faits feront réduits par efcrit & feront peinaux, & auant qu'on puiffe appeller de la fentence arbitrale, il faudra payer la peine conuenuë irremiffiblement, & à faute de ce, pourront eftre oppofées fins de non receuoir, defquelles on ne pourra eftre releué par aucune lettres de Chancellerie, ny refufion de defpens. Et exhortant chacun de prendre compromis auant que d'entrer en procés, il eft enjoinct de ce faire aux parents & alliés jufques au troifiefme degré inclufiuement, ou que l'vne des parties le foit.

Voicy la plus grande precaution qu'on puiſſe apporter aux procés & à leur longueur, car les arbitres choiſis gens de bien, & fort intelligeants pourront decider ſommairement d'abord les differents, preſts de tomber en Iuſtice, & faire dans vn iour ce que le circuit de grandes formalités feroit en pluſieurs années. Car la controuerſe ſe treuue eſtre en fait, ou en droict, ſi elle eſt en droict ils la pourront decider & terminer ainſi que feroient des Juges apres qu'ils en feront bien inſtruits & informés. Que ſi l'affaire n'y eſt pas preparé, & que le fait ne ſoit pas encore éclaircy, les arbitres peuuent ordonner tel preparatoire qu'ils verront raiſonnable, meſmes de rapporter preuues de part & d'autres dans vn brief delay ſur leſquelles ils pourront iuger ſans l'embarras de plus longues procedures.

2. Celuy qui aura diſſenty & appellé de la ſentence arbitrale mal à propos, ſera touſiours condamné à l'amende double du fol appel, & à tous les deſpens, meſmes du compromis & de l'arbitrage, ſans que le Senat meſme s'en puiſſe diſpenſer.

C'eſt pour contenir les chicaneurs afin qu'ils prennent garde auant que dédire les arbitres, & d'entrer en procés apres vne ſentence arbitrale, & qu'ils ne s'engagent temerairement dans les Tribunaux de Iuſtice. Et cét article eſt des plus vtiles, parce que la plus part des hommes s'engage en procés, pour faute de ſe bien entendre & leurs affaires, auant que d'entrer en conteſte, & puis quand ils ſe ſont fourrés bien auant dans vne longue inuolution de procedures, ils ne veulent pas s'en departir qu'on ne leur rembourſe les grands deſpens qu'ils ont faits. Au lieu qu'en accordant dés le commencement, telle conſideration n'a pas lieu, & il vaut mieux que les deux parties ſe donnent quelque choſe, qu'aux Aduocats Procureurs & Greffiers.

3. Lors que quelqu'vn voudra intenter quelque procés il ſera dreſſer ſa requeſte fondamentale par articles ſeparés, qui contiendront les ſouſtenement des faicts pertinents & decifiſs affermés auec ſerment pour regard de ceux dont il aura ſuffiſante notice : & en cas qu'il ſoit conuaincu d'vne verité contraire, ſera condamné à la peine de droict

du pariure, & à vne groſſe amende. Et en tāt que concerne les faits qui ne pourrōt eſtre de ſa ſcience, s'en informera bien & deuëment auant que de les ſouſtenir, & ſi on fait voir le cōtraire, il ſera chaſtié par vne groſſe amende, le tout irremiſſiblement, ſans que le Senat meſme s'en puiſſe diſpenſer; & touſiours audit cas aux deſpens de l'inſtance. Cela eſtant ainſi lors qu'on adjournera la partie defendereſſe pour ſe venir preſenter, on luy donnera la copie de ladite requeſte & des contracts fondamentaux de l'action leſquels le demandeur ſera tenu de produire en bonne forme au Greffe en meſme temps. Et dans vingt jours apres le jour de l'aſſignation à ſe preſenter, le defendeur ſera tenu non ſeulement de ſe preſenter pour tous delais, mais auſſi par ſon meſme acte de preſentation de defendre pertinemment en perſonne, ou par procuration ſpeciale au contenu de ladite requeſte, & de contredire les tiltres produits au Greffe qu'il y aura peu voir vingt jours auparauant, ſous les meſmes peines de calomnie & de parjure que deſſus. Et à faute de ce faire la forcluſion eſt declarée tenir ſans aucune autre procedure & les faits prononcés pour confeſſés, & les tiltres pour bons & authentiques, ſans qu'il ſoit beſoing de faire rendre pour ce ſujet aucun aduis ny ordonnance.

Cecy remedie à vn grand temps perdu qui s'ecoule entre la preſentation de la requeſte fondamentale, juſques à ce que le deffendeur ait reſpondu pertinemment au premier plaidé du demandeur, car on ſepare & fait-on vne longue tiſſure de procedures pour adiourner, ſe preſenter, produire, conteſter, deduire, faits poſitifs, & à y venir fournir de reſponſes, & à contredire les titres fondamentaux, que le demandeur aura produit encor qu'il n'ait pas produict tous ceux qui ſeront iuſtificatifs de la teneur de ſa requeſte, & ainſi s'ecoulent plus de trois mois dans la chicane auant qu'on puiſſe ſçauoir ce que la partie deffendereſſe aura à dire. Or tout ce temps-là apres les vint iours, ſe treuuera retranché par ce Reglement, & ainſi le procés acceleré d'autant, & outre-ce, c'eſt article pouruoit contre la calomnie des demandeurs, leſquels ſouuent ſouſtiennent les faits qu'ils faudroit eſtre veritables pour gaigner le procés, ſans regarder s'ils le ſont. Et partant la peine & l'amende ſont iuſtement declarés contre ces gens-là irremiſſiblement, qui commettent vn pariure & vn ſacrilege dans la Iuſtice, & ſans que le Juge ſouuerain meſme s'en puiſſe diſpenſer.

4. Apres l'obſeruation du precedent article ne ſera donné qu'vn ſeul delay de vingt jours au demandeur, pour additionner, & ce terme eſcheu la forcluſion eſt tenuë pour declarée, ſans qu'on puiſſe plus ſouſtenir de faits ſous quel pretexte que ce ſoit, ſans refuſiõ de deſpens.

C'eſt pour retrancher tant de ſuperflus delais qu'on donne par des appointemẽts ou des aduis, qui cauſent vne grande perte de temps, & des grandes deſpences aux parties plaidantes.

5. Sera faite l'Enqueſte quant & quant apres dans vn mois, & lors qu'on obtiendra Monitoire dans ſix ſepmaines pour tous delais, & dans ce terme l'enqueſte ſera rapportée au greffe deuëment cloſe & cachetée reſpectiuement par les parties voulans enqueſter, & dans la quinzaine apres peremptoirement, ſeront fournis de reproches cõtre les teſmoings oüis, & icelle eſtant ouuerte on fournira de cauſes de nullité, & produira-on tous autres titres deſquels on ſe pretend ſeruir dãs vn ſeul delay de huictaine, & dãs vne autre huictaine apres on cõtredira leſdits titres, & dans vne autre on ſauuera les contredicts, ſans qu'il ſoit jamais permis audit cas & en tout autre de donner autre delay ny aux Procureurs meſmes aduerſes de l'accorder. Et la huictaine apres preciſementer & peremptoirement les parties remettront leurs ſacs & pieces pour eſtre jugé, ſans qu'il ſoit beſoing d'obtenir aucune autre forcluſion, ny faire aucune ſommation de produire, & lors ſera jugé ſur les pieces remiſes. Et en ce cas meſme qu'on jugera

ſur vn ſac, les Juges ſeront tenus de bien voir & exactement conſiderer toutes les pieces remiſes, & d'eſtablir auſſi bien ſur icelles le droit qui en pourra reſulter en faueur de celuy qui n'a produit qu'au proffit de celuy qui aura remis de ſon coſté les pieces pour iuger. De quoy les conſciences des Juges demeureront chargées.

Voicy toute la tiſſure d'vn procés, pour grand & long qu'il puiſſe eſtre, & les delais eſtant ainſi precis & peremptoires, cela ſera que les parties ne s'y relaſcheront pas, ains dans peu de temps ſe verront eſtre dehors de cét embarras, qui conſume l'ame, le corps & les moyens, & les parties & Procureurs ne pourront treuuer des detours pour prolonger & retarder le jugement, & outre le temps qu'on eſpargne en retranchant tant de delays qui ſe donnoient plutoſt par couſtume que par neceſſité, on obuie à pluſieurs deſpens qui ſe font en payant les journées des Procureurs, les Actuaires & emolumens d'eſcritures. Et par ce moyen vn procés dés ſon commencement juſques à ſa fin ne pourra jamais durer plus de quatre Mois en y vacquant comme à choſe ſerieuſe & d'importance.

6. Que ſi le poinct deciſif de la matiere ne conſiſte pas en fait, mais en droict dependant des tiltres non contredits, ou des faits confeſſés ou tenus pour confeſſés, ſera d'abord pris appointement d'en venir en Audience, ou de remettre pieces pour juger en produiſant le billet de l'Aduocat qui ſouſtiendra la cauſe vuidable.

Vn procés ſera bien toſt depeſché par ce moyen, & ne ſera faite plus longue procedure puis que dés le commencement on peut chercher & voir la fin d'iceluy. Et certes la chambre des Comptes de Sauoye eſt bien loüable en cette ſommaire Iuſtice Souueraine quelle rend ſouuent ſur des requeſtes, apres quelles ont eſtés ſignifiées aux parties, & qu'on a veu leurs reſponſes, ſans les tirer dans des diſpendieuſes & inutiles formalités.

7. Quand on preſentera quelque requeſte au Senat où il eſcherra de dire qu'il ſoit monſtré à partie, la reſponce

ſe fera dans vingt-quatre heures apres la ſignification, & c'eſt auec meure deliberation par le Procureur de la partie aduerſe, où ſi l'affaire eſt en droict & d'importance, par l'Aduocat. Et icelle reſponce ſera ſignée nō ſeulement par l'Huiſſier ou Sergent qui aura fait l'exploict : mais encor par le Procureur & par l'Aduocat ſi c'eſt luy qui l'ait faitte. Et cela eſtant, & la requeſte eſtant preſentée au Senat auec ladite reſponce, iceluy apres auoir bien entendu & examiné l'affaire le decidera ſur le champ, ſans donner aucun Commiſſaire pour regler les parties sur ce fait-là ; ſinon que la choſe fuſt tellement obſcure & intriguée qu'il l'a fallut neceſſairement eſclaircir par interrogats & preparatoires entre les parties, à quoy le Senat prendra ſoigneuſement garde de ne commetre aucun Senateur pour ouïr les parties qu'en cas d'vne pure neceſſité. Et en conceuant le decret, ſeront priſes les voix neceſſaires pour vn Arreſt, ſans que le Preſident le puiſſe dicter & faire de luy meſme tout ſeul.

La principale longueur & deſpence d'vn procés vient de ce que quand quelque partie veut fuir, elle va de temps en temps entreiettant dans le Senat des requeſtes pour egarer ou du moins retarder le jugement & ayant eſté dit qu'il ſoit monſtré à partie, & ayant faict reſponce, le Senat ne ſe voulant fier au contenu de l'exploict qui eſt ſeulement ſigné par l'Huiſier, donne vn Senateur pour Commiſſaire pour entendre & regler les parties, d'où vient vn grand contour de procedures, perte de temps & d'argent. D'autant qu'il faut donner aſſignation à la partie pour comparoir par deuant le Senateur qui a eſté Commis, & le Procureur ſe laiſſe prendre en defaut deux ou trois fois, & ſi le Commiſſaire rend quelque Ordonnance pour le profit des defauts, icelle ayant eſté ſignifiée au Procureur aduerſe, il en ſuſpend l'execution diſant qu'il demande d'eſtre ouy, à quoy il eſt admis par abus. Si bien qu'on recommence mal à propos la formalité qui a deu eſtre terminée par l'Ordonnance renduë pour le profit de la contumace. Que ſi le Commiſſaire ordonne en preſence des parties celle qui voudra fuïr & s'efquiuer, appellera de cette Ordonnance, ſçachant bien qu'il ira vn grand temps auant que l'appellation foit vuidée. Que fi auffi le Commiffaire pour euiter l'appellation de fon Ordonnance dit que les pieces luy feront remifes pour eftre dit droict par le Senat, c'eft auffi reculer la caufe de beaucoup, parce qu'il s'ecoulera vn long temps auant que le Rapporteur puiffe prendre la commodité du Bureau, pour faire le raport de cét incident, fe treuuant dé-jà chargé & engagé à plufieurs vifions de procés au principal pour lequel les parties feront exprés en Ville, & pour la vifion elles auront auancé plufieurs confignations. Outre que deux feances de la fepmaine ordinaires pour le moins font affectées & acquifes aux procés criminels, aufquels on ne doit fouftraire & defrobber le temps deftiné comme iceux eftans priuilegiez, tant parce que les prifonniers patiffent beaucoup dans les prifons & cachots, que parce que c'eft autant retarder l'exemple, & la fatisfaction que la Iuftice doit au Public pour la punition des crimes. Outre telle longueur de procedures, il y a encor vne grande defpence aux parties pour fournir argent aux Huiffiers, aux Clercs des Commiffaires, aux plaidoiries des Procureurs & au fejour qu'il faut faire pour ce regard. Et encor le plus grand mal eft, que fouuent les plaidoiries font mal & fauffement receuës par les Clercs, & les Ordonnances expediées contre la verité de la prončiation d'icelles, fe trouuants lefdits Clercs quelquesfois trop faciles à condefcendre aux Procureurs des parties, qui leur remettant leurs plaidoiries à leurs phantaifies pluftoft que felon ce qu'elles auront efté veritablement faittes vfants de quelque obreption ou fubreption.

8. L'Aduocat & Procureur General de S. A. R. fe treuueront dans leur Parquet aux jours & heures ordinaires pour y eftre rendus les aduis, & tenuës les conferences, & lefquels tiendront main, que les parties conuiennent de la verité de leurs faits auant que d'aller plaider la caufe en Audience.

Il arriue vn grand inconuenient aux Audiences qui prouient de la contrarieté des faits allegués aux plaidoyers. Car les Aduocats voyants que leur caufe menace ruine & s'en va eftre perduë, pour faire interloquer fouftiennent des faits nouueaux, ou aleguent des negatiues faittes aux procés, tellement que cela empefche que le Senat ne peut pas iuger fur le champ. Ce qui fera leué & corrigé par les conferences qui fe tiendront par deuant les Sieurs Generaux.

9. Il eft expreffement inhibé & defendu aux Aduocats de dire en fait autre chofe en leurs plaidoyers, que ce qui refulte purement des actes de la caufe fans rien auancer de ce qui n'a pas efté deduit au procés, & de faire aucune exaggeration qui n'aura pas efté deduite en fait, & en cas qu'ils contreuiennent, feront fur le champ condamnés à l'amende.

Bien fouuent on voit que des Aduocats auancent des faits en Audience ou fur les memoires & fuggeftion de leurs parties prefentes, ou pour pouuoir gaigner la caufe, encor que telle chofe n'ait efté deduite. En quoy les Juges font furpris, eftimans que tout cela depend de la verité des actes, jaçoit qu'il n'ait pas efté auancé au procés & fur telle allegation les Aduocats peuuent obtenir mal à propos & contre Iuftice gain de caufe, ayants donné des mauuaifes & fauffes impreffions aux Iuges.

10. Si l'Aduocat plaidant la caufe en Audience eft notoirement conuaincu d'auoir plaidé contre la verité des actes, il fera fur le champ mulcté & chaftié irremiffiblement en vne forte amende pour la premiere fois, & s'il y reuient pour la feconde fois, fera chaftié outre l'amende en la fufpenfion de fa charge pour trois mois; que s'il y eft recidif pour la troifiefme, fera leué & rayé de la matricule des Aduocats, & declaré incapable des dignités de la robbe & Magiftratures.

C'eft pour contenir les Aduocats dans l'obferuance du ferment qu'ils ont prefté de plaider veritablement felon les actes. Car autrement obtenents à tort Iugement fauorable fous vn faux donné à entendre, ils font indubitablement tenus à reftitution & reparation du dommage qu'ils ont caufé par leur menfonge, s'eftants rendus coupables de larcin, de parjure & de facrilege dans le temple de Iuftice, & furpris la religion des Juges impudemment.

11. Si les parties fçauent efcrire elles figneront elles mefmes les deduites des faits qui fe feront à leurs noms par leurs Aduocats ou Procureurs, & efcriront qu'elles les afferment par ferment veritables, ou diront le mefme aux procurations fpeciales qu'elles feront à ces fins. Que fi elles ne fçauent pas efcrire, en produifant le plaidé ou acte ou les faits font contenus, les affermeront par ferment fur les fainctes Efcritures entre les mains de l'Actuaire de la caufe qui leur en fera la lecture, & en chargera fon regiftre, ou entre les mains du Notaire qui aura receu la procuration fpeciale contenant les faits. Et mefme aura lieu pour regard des negatiues, defquelles ne fe pourront faire en bloc, & generalement, ains fpecialement, & dira-on en terme exprés qu'on nie auec ferment telle chofe qu'on deduira au long. Et puis en fin de caufe quand on iugera le procés fi on trouue de la calomnie & pariure aux foubftenemens & negatiues des parties, feront punies d'vne groffe amende pour chacun defdits faits ou negatiues, fans qu'aucun Juge, ny mefme le Senat s'en puiffe difpenfer.

Il y a vn grand abus qui eft comme vne pefte dans la Iuftice, c'eft qu'il y aura tel Aduocat ou Procureur lequel voyant que pour auoir gain de caufe il faudroit fouftenir tel faict, ou que celuy-là qui eft fouftenu par la partie fut faux, fans s'enquerir de la verité de l'affirmatiue ou negatiue d'iceluy, dient aux parties, qu'il faut fouftenir ou bien nier tel fait, & en fuite dequoy icelles afferment ou nient auec ferment par l'aduis de leur confeil, abufant ainfi de la fainčteté du ferment. En quoy par le moyen de ce reiglement, les plaidants demeureront plus retenus à affermer ou nier auec ferment quād il faudra qu'elles efcriuent elles mefmes, & fignent ce qu'elles jurent, ou fi elles ne fçauent pas efcrire quand elles jurent elles mefmes corporellement fur les fainčtes Efcritures, & non pas de fimple parolle ou en touchant le papier communement efcrit. Outre que quand la declaration de la peine & amande fera exactement & punctuellement obferuée on prendra mieux garde à n'encourir le parjure lequel les hommes aueuglés mefprifent quand ils n'en font point foubmis à quelque peine temporelle, ains à la feule vengeance de Dieu viuant, laquelle comme eft plus grande & griefue, deuroit auffi eftre plus redoutable & formidable.

12. Il ne faudra point de declaration de forclufion, ains elle fera tenuë pour declarée fuffifamment par le feul laps & cours du temps, & des delais expirés qui portoient forclufion.

Il fe fait vn grand contour de procedures, pour faire declarer vne forclufion : car il faut faire rendre vn aduis au parquet, auquel la partie diffentira. Enfuite dequoy il faut faire deputer vn Commiffaire ; duquel l'Ordonnance fera fubiecte à l'appel, & ainfi le Chicaneur trouuera moyen de tergiuerfer, & de porter loing vn procés tant qu'il voudra. Et cecy fert de remede, puis que la feule expiration du delay qui comminoit la forclufion, fert de fuffifante declaration fans qu'il foit neceffaire de faire rendre aucun aduis au parquet pour ce regard. Et apres les termes efcheus, les parties peuuent faire eftat, que le profit de la forclufion eft acquis dés lors.

13. Il eft ordonné aux Senateurs Commis pour ouïr & regler les parties, de reuoir & corriger dans le mefme jour fur le regiftre de leurs Clercs & fcribes, les Ordonnances qu'ils auront renduës, & les figner en mefme temps. Et eft inhibé aux Clercs de receuoir le dicton de l'Ordonnance des mains des Procureurs des parties, ny les plaidoiries que felon & à la forme qu'elles auront efté faictes, fans y adioufter rien de nouueau. Le tout à peine d'vne amende arbitraire au Senat.

C'eft pour euiter les furprifes qui fe font fouuent par deuant les Sieurs Commiffaires, les Procureurs remettants leurs plaidoiries, & les dictons des Ordonnances à leur gré & volonté. Tellement que la partie aduerſe voit quelquefois que la plaidoirie & l'Ordonnance ſont en autre terme & en autre ſens que ce qui a eſté dit & fait veritablement par deuant le Sieur Commiſſaire, d'où s'en ſont enſuiuis des grands inconuenients, & des fauſſetés.

14. Quand quelque partie formera indüement quelque incident auquel elle ne ſe treuuera pas bien fondée, elle ſera touſiours condamnée aux deſpens de tel incident ſans qu'on les reſerue au jugement definitif, ſinon qu'ils y ſoyent interuenuës des grandes difficultés en iugeant qui ayent peu excuſer celuy qui a formé l'incident.

Vne des cauſes principales de la longueur du procés eſt, que la partie qui veut fuir & chicaner ſur tout quand elle eſt poſſeſſereſſe ou debitrice en action perſonnelle, va formant à chaſque pas des incidents qui reculent & retardent long temps les jugements definitifs, ſçachant bien que tandis qu'on vuidera tel incident pluſieurs accidents peuuent arriuer, & qu'il iouït ce pendant des fruicts & de ſon argent, & ce fie à ce qui a preſque touſiours eſté obſerué par le paſſé, qu'en jugeant l'incident, il ſera dit deſpens reſerués, & qu'ainſi il les eſchappera pour ce coup là. Au lieu que quand telle partie y ſera condamnée en jugement de tel incident, & qu'il les faudra payer promptement, elle regardera deux fois auant que de faire & acheminer cét incident.

15. Les appellations qui s'interiectent de cette façon en cas que le Juge ou le Commiſſaire faſſe telle choſe ou die & paſſe outre, ne ſerōt point admiſes n'y receuës, & on pourra paſſer outre comme s'il ny auoit point heu d'appel formé, ſauf d'appeller ſeulemēt de la choſe dite ou faite & non pas de ce qui ſe fera pour l'auenir.

Telles appellations ne ſe font que pour embaraſſer la procedure les Juges & Commiſſaires demeurants bien perplex en ce cas là : car s'ils ne dient n'y ſont rien, on ne peut pas dire qu'il y ait appel, & s'ils paſſent outre, telle appellation ſe treuue purifiée. Tellement qu'il arriue qu'iceux eſtans tranſportés dehors la Ville à grands frais ſe treuuent n'auoir rien faict que defpenfer d'argent inutilement aux parties.

16. Quand des caufes de recufations feront prefentées par requefte, elles feront examinées par le Senat, fi elles font pertinentes & decifiues auant que d'y mettre aucun decret, & en cas quelles foyent toutes irreleuatoires & iugées impertinentes, elles feront reiectées fur le champ & fera paffé outre à la vifion du procés s'il eft difpofé à eftre jugé.

On retranche par ce moyen vne grande chicane de celuy qui ne veut que retarder le jugement, efperant que telle requefte pourra entretenir & arrefter le cours durant quinze jours, qu'on dira foit monftré à partie, & au Procureur General, que les refponces & conclufions dudict Sieur Procureur General ne feront fi toft faites. Et ce pendant le poffeffeur, recueillera les fruicts ou les feries arriueront, ou la partie pourra mourir.

17. Ceux qui voudront propofer des caufes de recufations, les prefenteront auant le plaid contefté à la forme des anciens reglements, & en affermeront les faicts par ferment, & fi apres le plaid contefté il en arriue ou qu'il en foit venuës de nouueau à notice, il les propoferont auant que les pieces foyent remifes pour iuger ou auant qu'il y ait iour certain pour en venir en Audience, ou que la caufe foit enroollée, & fe purgeront par ferment par deuant le Sieur Commiffaire qu'elle foit venuës à notice de nouueau, & c'eft à genoux tefte nuë fur les fainctes Efcritures de Dieu, ou bien feront procuration fpeciale de ce faire. Et fi telles caufes de recufations fe treuuent fauffes, la partie qui les aura propofées fera condamnée à vne forte amande, dont la moitié fera applicable au profit de la partie.

On voit en ce temps les recufations fi frequentes au Senat, que les

Procés sont retardés longuement par ce moyen, & partant cét article remedie aux tergiuersations qu'on y peut faire.

18. Lors que le sac du procés aura esté ouuert, ou apres que la cause aura esté plaidée en Audience, on ne sera plus receu à proposer des causes de recusations, sinon que le faict fust suruenu depuis, ny se pourra-on purger par serment que lesdites causes soient venuës de nouueau à notice.

C'est pour empescher vn inconuenient qui arriue que quand on a commencé à voir vn procés, ou que la cause a esté plaidée en Audience, & qu'on a peu descouurir quels Juges sont fauorables ou contraires, on recuse apres ceux qu'on a presenty d'auoir vne contraire opinion pour ses pretentions & conclusions. Et ainsi la Iustice se treuue diuertie.

19. Le parent de l'allié à celuy qui est en qualité au procés, ne pourra plus estre recusé sinon qu'en ce temps-là, eux ou leurs enfans se peussent succeder les vns aux autres : & quant à l'alié de l'alié il assistera au jugement indifferemment.

Il y en a qui presentent des causes de recusations expres pour mettre le Senat hors de nombre, afin que leurs procés ne se puissent juger, & comme il est facile que des Juges soyent ou parent d'vn allié ou allié de l'allié de ceux qui plaident, il se rencontre que maints procés demeurent au croc pour faute de Juges, ou qu'il faille conuenir des Juges hors du Senat. Et il ne semble pas auoir grand inconuenient en cette Ordonnance : car si le parent propre peut estre Juge lequel est au cinquiesme degré ; le parent de l'allié & l'allié de l'allié le pourra bien estre, puis qu'ils ne sont pas du mesme sang, comme sont les parents, bien qu'ils soyent au cinquiesme degré. Et cecy leuera l'inconuenient d'aller chercher des Juges hors du Senat, qui ne sont pas accoustumés de juger semblables matieres.

20. On ne pourra aussi recuser des Juges sur ce qu'on

a procés auec des parents ou alliés des Juges, ſinon que telles recuſations ſe treuuent fortifiées d'autres circonſtances, ou que le procés fuſt de tres-grande importance ſelon la qualité des parties, ou qu'il fuſt criminel, ou le Juge peuſt eſtre intereſſé notablement.

Ce ſont les plus frequentes recuſations qu'on propoſe, pour leſquelles le Senat s'eſt trouué ſouuent fort perplex, ayant rendu des jugements diuers. Et cét Article l'eſclaircit pour vne bonne fois, afin qu'on y puiſſe ſuiure quelque loy certaine.

21. Pour les cauſes renuoyées en Audience, il ne ſe fera qu'vn ſeul roolle compoſé de cinquante cauſes, lequel ſera ſuiuy ſans diſtinction des jours, & ſera affiché huict jours auparauant l'expiration du precedent, ſans qu'il puiſſe eſtre interrompu par aucune etiquete, ſinon que ce fut pour quelque vrgeante cauſe & neceſſité. Et lors qu'il faudra appeller quelque cauſe à l'iſſuë des requeſtes dans le Bureau, icelle ſera marquée à part en marge par le Preſident, afin qu'on s'y tienne preſt.

Ce Reglement eſt fort vtile pour le Public : car par ce moyen les Procureurs pourront donner aduis à leurs parties, afin qu'elles ſe puiſſent trouuer en Ville enuiron le temps que leurs cauſes ſe deuront appeller & qu'elles ne viennent employer le temps & l'argent inutilement, comme on a faict ſouuent juſques à preſent.

22. Il ne ſera plus permis de donner des etiquetes que pour quelque grande & preſſante cauſe, comme quand il s'agit d'aliments, de dot des femmes; de quelqu'vn qui eſt employé en ce temps-là au ſeruice du Prince, ou des Magiſtrats qui ſe treuuent hors de reſidence de leur charge ordinaire, ou de quelque pauure veſue ſouffreteuſe.

C'eſt afin que le roolle ſoit tant mieux ſuiuy & plus certain, & que les parties eſtant venuës exprés apres l'aduis qu'on leur a donné que leur caufes s'appelleront, ne viennent à defpenfer en ville fruftratoirement les afsignations ayant eftés diuerties par le moyen des etiquetes.

23. On fera auffi vn roolle des caufes & procés qui font prefts à vuider pieces veuës, & fera affiché afin que les Procureurs puiffẽt aduertir les parties pour fe treuuer à temps quand on ouurira le fac, dequoy les Procureurs auront aduis. Et fera ledit roolle fuiuy fans eftre interrompu qu'aux jours criminels; & à la forme du Styl, quand vn procés aura efté commencé, on ne paffera à vn autre, que celuy-là ne foit acheué.

Cét article eft fort vtile au Public, d'autant que plufieurs plaidants viennent fe confumer à la follicitation de leur procés, & peut eftre encor qu'ils soyẽt prefts à juger, ils feront trois ou quatre voyages deuãt qu'ils puiſẽt eftre mis fur le Bureau, & puis apres quãd ils fe font retirés on les entemera & ugera-on fans qu'ils en fçachent rien. Ce qui eft empefché par cette propofition, car par ce moyen il n'y aura jamais furprife ny de la defpence fruftrée, & les pieces & le fait & le droict feront mieux examinés lors qu'on fuiura continuellement la vifion, l'efprit des Juges n'eftant point diuerty, ny les efpeces du faict chaffées par les autres d'vn procés fuiuant. Et cela efpargnera vne grãde perte de temps qui fe faict à rementeuoir le Senat du faict, & des raifons dont il aura efté parlé autrefois, y ayant eu par le paffé cét inconuenient qu'il falloit par fois paffer vne bonne partie de la feance pour la reminifcence du faict qui euft efté employée aux raifonnements, & à opiner.

24. Sera auffi fait vn roolle des procés qui fe vuideront par confignations, auec le nom des Juges qui y affifteront, & fera affiché à l'aduantage, fans que fur pretexte de l'adjancement des Chambres on refolue feulement le matin l'entrée de l'apprefdiné par confignation, & qu'õ nõme feulement en ce temps-là aux parties les Juges qu'elles deuront auoir.

On a veu par le paſſé à faute de ce Reiglement des grands inconueniens, & pluſieurs parties ſe ſont plaintes de ce qu'on entroit par conſignation precipitamment, n'ayant quelquefois eſtés aduerties qu'à neuf ou dix heures, quand on entroit à midy, ou à deux heures pour leurs procés. Et ainſi elles n'auoient temps pour inſtruire leurs Juges, qu'elles n'auoyent point ſceus auparauant.

25. A l'ordre de ces roolles, on ſuiura la date des renuois en Audience, ou de l'appoinctement en droict, ſinon que les cauſes, les choſes ou les perſonnes fuſſent notoirement priuilegiées.

La raiſon le veut ainſi auſſi bien que pour les hypotheques, veu meſmes que le pourſuiuant peut eſtre ſera en ville dés ce temps là, voyant ſa cauſe diſpoſée, & la prompte expedition des procés eſt vne bonne partie de la Iuſtice.

26. Puis qu'il a eſté dit que les cauſes de recuſations n'auront plus lieu apres le ſac du procés ouuert, non ſeulement il eſt permis, mais il eſt ordonné de dire naïfuement les difficultés aux parties, leſquelles chacun en particulier ou le Senat treuue ſans que ce ſoit neantmoins à deſſein d'inciter les parties à traitter ſi elles ont bon droict notoirement, ains il leur faut faire entendre les vrayes difficultés & raiſons qu'on eſtime en ſa conſcience, & ce fait les Juges preſteront la patience qu'ils doiuent pour en eſtre bien pleinement inſtruits.

Il ſe peut faire qu'vn Juge ſoit mal preoccupé en faict ou en droict, & qu'en eſtant ainſi deuëment deſabuſé il change d'opinion ainſi qu'il doit ; ce qu'on a veu arriuer ſouuent. Et vn bon Juge ne doit craindre de manifeſter ſon opinion contre quelque grand, ou vn puiſſant, ou contre vn ſien amy, puis que c'eſt ſon deuoir de paroiſtre juſte & bon Juge, & entier encor qu'il y alla de ſa perte & dommage pour ſon particulier, & en cela c'eſt le grand merite de la charge vers Dieu. Et il faut bien qu'vn Juge Maje ou vn autre qui juge tout ſeul, declare & manifeſte ſes ſentiments par ſa ſentence, à plus forte raiſon les Seigneurs du Senat deuront auoir l'esprit plus fort en cela, & les parties ne le trouueront pas mauuais, puis qu'il est ordonné de le faire.

27. Quād on presētera requeste pour suspendre la visiō d'vn procés, allegāt quelq; pretexte pour en diuertir ou retarder le jugement, on n'y mettra point d'autre decret; sinon soit mis au sac; ou bien soit monstré à partie, & ce faict soit mis au sac, & sans retardation du jugement du procés.

La malice des plaideurs fuyards, est si grande que quelquefois ils font passer des requestes sur le Bureau pour interuertir & retarder le jugement, en proposant des choses, ou fausses, ou impertinentes, pour gaigner autant de temps, car on a accoustumé sur telles requestes captées, de donner Commissaire pour regler les parties, qui est vn autre procés qui empesche la decision du principal. Et partant cét article abolit tels mauuais pretextes de fuite & de retardation.

28. Quoy que les requestes presentées au Senat dient pour empescher l'entiere exequution d'vn Arrest, sera tousiours dit par decret sur icelles, sans retardation de l'exequution de l'Arrest, à la forme des Reglements generaux, & que tant le condamné que ceux qui ne se treuuent reellement & actuellement possesseurs, ou qui auront eu droit du condāné pendant le procés, ne pourront plus parler que de dehors, & sauf à y venir. L'Arrest estant deuëment & pleinement exequuté par action à part, voire mesme quand ils allegueroient des attentats sauf l'exequution estant faite, d'estre reparés, s'il s'y en treuue auec dommages & interests.

On a obserué que ce n'est rien d'auoir obtenu Arrest, parce qu'on en elude l'effect par des escarts & requestes & oppositions extrauagantes qu'on y entremesle par propositions de faux attentats qu'on demande d'estre reparés par vn prealable, & ainsi les chicaneurs se trouuent de tous costés pour eluder les Arrests, se mocquants de ceux qui les ont obtenus.

29. Il ne ſera jamais permis d'ores-en-auant ayant obtenu requeſte ciuile contre vn Arreſt, de demander, que ledit Arreſt ſoit tenu pour executé, ſous quel pretexte que ce ſoit; ſauf que ſi l'execution eſtant faite, il apparoiſſoit promptement du dol exprés & fraude de la partie, de reuoquer le tout auec deſpens dommages & intereſts, & en outre telle partie eſtre condamnée en des groſſes amendes vers S. A. R. & enuers la partie.

C'eſt pour fermer la derniere porte à la chicane, car les condamnés vont ſuſcitant mille tergiuerſations pour n'eſtre depoſſedés des biens qu'ils poſſedent, ou pour n'eſtre contrainćts aux payements, ſe debattants dans les filés par vne requeſte ciuile, par laquelle & par la demande qu'ils font, que l'Arreſt ſoit tenu pour deuëmēt exequuté, ils s'efforcent d'eluder & rendre inutiles les Arreſts. Et moyennant cét article, cela ne ſera pas; veu qu'il n'eſt pas à preſumer qu'il ſoit interuenu du dol, ny que le Senat ſe ſoit laiſſé ſurprendre à quelque partie. Et en cas qu'apres il en apparut, cét Article y remedie par la condamnation de tous deſpens dommages & intereſts, & de groſſes amandes.

30. Le Styl & Reiglement cy-deuant fait pour les formalitez de Iuſtice ſera eſtroitement & inuiolablement obſerué, ſans qu'il y puiſſe eſtre derogé par le Senat meſme, & en tout ce ſeulement à quoy n'aura eſté derogé par les preſentes Ordonnances.

Il faut que cela ſoit neceſſairement, car autrement on ſe treuue bien trompé en Iuſtice, quand on ſe fonde au ſtil, & les Juges paſſent par deſſus, & ne ſi arreſtent point, ſoit qu'ils l'ignorent, ou qu'ils ny penſent pas, ou qu'ils croyent d'y pouuoir deroger. Et ainſi il ne peut jamais rien auoir d'aſſeuré, & les parties qui ſe ſont confiées à l'Ordonnance du ſtil, ſe treuuent deceuës.

31. Quand on ſera quelque liquidation par deuant des experts, les parties cotteront les chefs & articles deſquels elles ne demeurent pas d'accord, & iceux ſeront jugés ſans qu'il ſoit dićt qu'il ſera procedé à vne autre liquidation entiere.

Cecy euite vn grand contour de procedures, car à la seconde liquidation, il y aura tousiours quelque chose qui demeurera en difficulté. Et ainsi il faut tousiours faire de nouueau des liquidations, & jamais on n'en peut voir la fin; estant vn grand inconuenient que sur le sujet de quelques articles il faille refaire à fonds la liquidation.

32. Quand il faudra liquider des detractions deuant l'establissement d'vn fidecommis, on commettra deux Senateurs auec les deux experts respectiuement conuenus par les parties; lesquels rapporteront au Senat les difficultés qui s'y rencontreront, lesquelles seront jugées à leur rapport, pour euiter de faire & refaire tant de liquidations, lesquelles sont fort dificiles à supputer, & à renger en tel cas.

Cecy est fort necessaire pour pouuoir iouïr d'vn fidecommis, car autrement il va tant de contour & d'appellations pour ses detractions, que le fidecommis ne se rend jamais, parce que les detractions qui se doiuent faire par vn prealable ne se peuuent jamais faire, tant parce quelles ne se peuuent faire qu'à la forme du droict, selon lequel les experts qui n'en n'ont pas cognoissance ny peuuent exactement proceder. Et partant il est expedient qu'elles se fassent par deux Senateurs, & que les difficultés qui naistront, soient sommairement esclaircies par le Senat à leur rapport.

TROISIESME PARTIE.

Propoſitions pour faciliter les moyens de bien juger en Iuſtice.

ON propoſe & on remonſtre en toute humilité aux Princes, que le meilleur moyen de faire bien & ſainement juger, eſt de faire vne bonne election de Juges qui ayent toutes les qualités cy-bas deduites.

Premierement qu'on choiſiſſe des Juges qui faſſent profeſſion ouuerte de la pieté & crainte de Dieu, & qui ne ſoient point libertins aux choſes de la Foy Catholique ny aux mœurs, & qui ne ſe dient point Catholiques que parce qu'ils ne s'oseroient declarer autres, ainsi qu'il s'en peut rencontrer dans la licence de ce temps, & parmy la venalité des Offices, & en vn mot qui ayent l'esprit fort, & la conscience tendre.

En second lieu ils doiuent estre doctes & sçauants aux Principes & textes de la Iurisprudence & aux communes opinions des Docteurs qui sont suiuies en la pratique des Iugements, & receuës aux Tribunaux de Iustice : car c'est vn erreur abominable & pernicieux aux ames & aux biens de croire & de publier, qu'on puisse juger en conscience vn procés selon l'opinion singuliere d'vn Docteur pour fameux qu'il soit ; veu que si il y a quelques Casuistes qui tiennent, que l'opinion d'vn grand Docteur suffit pour asseurer vne conscience douteuse & scrupuleuse, cela s'entend contre quelque difficulté & scrupule, & purement en chose morale : mais non pas quand il s'agit de porter preiudice au tiers, & de disposer pour jamais du bien d'autruy, estant bien seant voire necessaire de se fier plus en ce cas d'importance, à la pluralité qu'à la singularité, & de croire que plusieurs yeux y voyent mieux qu'vn seul, la probabilité morale se retreuuant & estant presumée plustost dans le plus grand nombre que dans le plus petit, & dans ce qui est suiuy pour l'ordinaire dans la poussiere des barraux & administration de Iustice, que dans les subtilités de quelque opinion particuliere & peregrine (ainsi qu'on parle). Et partant il faudra s'enquerir exactement de la pleine capacité des Juges qu'on voudra eslire ; car il vaudroit beaucoup mieux, & seroit plus expedient & moins de mal d'establir des Juges meschants qu'ignorants, d'autant que les meschants ne font pas tousiours des actions de meschanceté, & estants doctes peuuent bien & sainement juger quand ils veulent : mais les ignorants ne peuuent pas bien juger mesmes quand ils voudroient que par cas fortuit; telle chose n'estant pas dans leur sçauoir, & certes c'est vn monstre qu'vn Juge ignorant, & vne chose autant insupportable qu'ignominieuse de voir des Magistrats quand on les va informer pour le droict des parties de demeurer muets pour faute d'intelligence, ou s'ils parlent qu'ils tesmoignent leur incapacité, & quelquefois des extrauagances hors de la science & du sens commun mesme. Bref ce sont des vrays larrons publics bien qu'impunis qui leuent impudemment le bien d'autruy soubs le nō de Magistrats, dont la portée n'a esté recognuë aux Princes qui les ont establis sans les cognoistre à plein fonds. Le Peuple souffrant incroyablement de tel chois qui aura esté faict sur des rapports des partisans de ces gens-là, qui auront d'ailleurs proposé quelque party specieux & plausible à raison dequoy les Casuistes tiennent, que quand on constituë quelqu'vn en vne dignité de laquelle il est incapable notoirement, trois sortes de gens pechent mortellement, & sont tenus à restitution de tous les dommages qu'ils apporteront, sçauoir le Prince qui les a crées, Magistrats sçachant bien qu'ils estoient inhabiles à telle charge, ou ne s'en estans pas asses deuëment informé. En second lieu les Magistrats qui les ont receu les cognoissants ou deuants cognoistre pour incapables. Et en troisiesme lieu, celuy qui a brigué & pourchassé telle charge se cognoissant ou se deuāt cognoistre insuffisant & inhabile pour telle dignité. Et à la verité qu'a à faire vn pauure homme qui plaide son bien, que tel particulier ait eu de l'ambition de paruenir, ou de faire sa maison, ou qu'il ait donnè vne grosse finance, & qu'à cause de son impertinence cestuy-cy qui a bon droict vienne à le perdre & à succomber en vn procez, & peut-estre par le surcroit & nombre de cette voix & opinion sans laquelle il auroit emportè gain de cause, & auroit eu dequoy s'entretenir

& sa famille, au lieu qu'estans pauures ils seront reduits à la mendicité ou à faire pis, pour la necessitè & disette que quelque sot ignorant luy aura imposée par son Iugement. On ne sçauroit trop exaggerer cette brutalitè d'ignorance aux Magistrats, puis qu'on la voit bien souuent estre meurtriere mesme de la vie des jnnocents, & de leur honneur, & temeraire larronesse de leurs biens, & qu'elle faict que l'honneur mesme & grade de la Magistrature soit tourné en l'ignominie de ceux qui la possedent indignement, ainsi que disoit vn Ancien chez Lypse en ses Polytiques. N'est-ce pas vne chose absurde & ridicule & hors de propos, qu'vn qui intente vn procès important alle consulter les plus habilles Aduocats & mieux versez en Droict pour sçauoir s'il se doit embarquer à plaider, & s'il est bien fondé dans les principes & raisons de la Iurisprudence pour ses pretentions afin d'emporter gain de cause, & que s'estant engagé dans la poursuite sur telles doctes & saines opinions de son bon conseil, il vienne à succomber & à perdre, parce que les Juges n'estants pas de la capacité ny de l'intelligence des bons Aduocats, ils n'en n'ont pas peu comprendre les raisons, & ont eu plustost leurs sentiments selon la portée de leur ignorance, que selon la doctrine digerée par des bons conseils. Surquoy en ce cas, mon aduis seroit quand on verroit qu'on auroit à faire a des Juges ignorants, que pour consulter l'euenement d'vn jugement on ne s'adressera point à des cerueaux eminents en science & en bon raisonnement, mais à quelques jgnorants & grossiers qui auroient plus de conformité de sçauoir auec les Juges, veu qu'en ce cas là on rencontreroit plustost lissuë semblable à leur opinion, que si on auoit recouru aux sçauāts dont la science n'a point de rapport auec la stupidité & ignorance des Juges ne seruent de rien, la consideration & examen des Loix puis qu'on aura a faire à des Juges qui n'en pourront pas comprendre le ſens n'y les illations qu'on en peut tirer par des paralelles du droict, y ayant des Juges ſi hebetez qu'ils voudront que la Loy qui doit ſeruir de deciſion contienne la meſme eſpece ou la meſme raiſon, ils voudroient encore qu'elle fit quaſi mention des meſmes contracts & des meſmes perſonnes ne ſe voulants trauailler l'eſprit pour en faire les conſequences conuenables, & ayant meilleur temps de s'arreſter à ce qui ſe preſente d'abord à leur petit jugement, & à quelque equité cerebrine & chimerique, que de profonder l'affaire dans vne grande circonſpection dans les liures & la lecture des matieres, & dans les exceptions des regles communes & vulgaires, que les Procureurs meſmes n'ignorent pas. O que Bartole preuoyoit dé-ja bien cela quand il appelloit ſon Compere le mareſchal ſon voiſin pour reſpondre à quelque conſultant qui vouloit entreprendre vn procés, & à ces fins voyant la qualité du Juge, ſuiuoit pluſtoſt celle de ſon bon Compere que celle qu'il tiroit de ſa ſcience.

O que de Juges ſçauront deuant Dieu leur condemnation à cauſe de leur lourde & affectée ignorance, & parce qu'à l'exemple des enfans de Zebedée ils ont voulu ſeoir à la dextre & gauche du Prince dans les Magiſtratures ſans ſçauoir l'importance des charges qu'ils auront temerairement recherchées & obtenuës. O combien de gens plus ambitieux & auaricieux que ſçauants en cette profeſſion diront auec ce Senateur Italien à l'heure de la mort; pleuſt à Dieu que ie n'euſſe jamais jugé : car il eſt dit en la ſaincte Eſcriture, que Dieu en ſon tẽps jugera les Iuſtices meſmes, que ſera-ce des injuſtices qu'on aura cõmiſes auſſi bien par ignorance coulpable que par malice. Outre que ces miſerables n'auront point les excuſes qu'auroient des ſimples gens du peuple, d'autant qu'ils ne doiuent point eſtre dans l'obſcurité comme les autres, mais eſtre vne lumiere eſclairante dans le chandelier des dignitez, & doiuent auoir tous leurs ſentiments & actions en contrepoix & meſure, eſtans differents de la populace comme eſt vn horloge d'auec vne cloche commune; laquelle ſonne tant de coups qu'on voudra, ſans que perſonne y viẽne n'y retreuue à redire parce quelle n'a pas le ſon ny ſon batement reiglé & aſtreint à vn certain nombre, mais ſi vn horloge qui doit eſtre adiuſté aux coups qu'il donne, vient a en donner ſeulement vn de plus, chacun y prend garde & dit-on qu'il va mal, & qu'il n'eſt pas juſte? Il en prend ainſi du Magiſtrat dis-je d'auec le commun du peuple duquel quelques actions ſeroient indifferentes, qui eſtans rehauſſées en la perſonne d'vn Magiſtrat monſtrent ſon dereiglement & imperfection & iniuſtice.

Il faut auſſi que les Magiſtrats ayent outre la doctrine vn bon ſens commun; c'eſt à dire vn bon jugement naturel, & vne iudicieuſe application de la ſcience qu'ils auront, car autrement toutes les doctrines ſeruiront plus à mal qu'à bien, ainſi que feroit vn couteau entre les mains d'vn enfant. ou d'vn furieux, & il n'y a riẽ de ſi abominable & horrible que quãd il s'agit de leuer la vie ou l'honneur, ou les biẽs à quelqu'vn de voir que c'eſt par des raiſonnements ſans raiſon, & par des arguments & conſequences abſurdes & ineptes, ſe trouuans des Juges ſi mal timbrés & depourueus de jugement que lors qu'ils viennent à opiner ils commencent par vn principe de droict, qui ne faict pas à propos, & ſe determinent & reſoluent par vne ineptie & extrauagance. O que pluſieurs perſonnes paſſent ſans doute tous les iours par ſemblables picques, & perdent leurs biens par tels eſchecſmats.

L'experience eſt neceſſaire à vn Juge, veu que tel croit bien ſouuent de ſçauoir des choſes qu'il ignore quand il en vient à l'application, y ayant grande difference entre la ſcience Speculatiue, & la Praticque, ainſi qu'on a recognu aux perſonnes qui eſtoient plus verſez en la Scholaſtique, qu'en la Iuriſprudence judicielle; ces deux facultés ſe deuant tellement ioindre l'vne auec l'autre, qu'elles ne ſeruent gueres ſi elles ſont ſeparées. Et partant il eſt expedient de ne mettre point en Office de Iudicature Souueraine que ceux qui ont eſtés long-temps dans l'vſage du barrau, ou qui ont eſté rompus en l'exercice de quelque Iudicature inferieuſe & ſubalterne, & qui ſont faicts aux procedures, & diſtributions de Iuſtice.

Il ſeroit bien à ſouhaiter que ceux qui entrent en vn Corps Souuerain de Iuſtice fuſſent Gentils-hommes bien naiz & d'extraction pour pluſieurs raiſons.

La premiere eſt, que la naiſſance & l'education Noble font le plus ſouuent, que les ames ſont mieux faictes, plus releuées & genereuſes, moins ſujectes à la corruption des preſents, & à la timidité, & crainte ſeruile des puiſſances : Qualitez veritablement neceſſaires tellement à vn Magiſtrat, qu'il n'en peut porter dignement le nom s'il ne les a toutes aſſemblées, car il faut qu'il ait vn eſprit ſans aucune bizarrerie, ſans fougue, ſans impatience, & ſans paſſion, ains raſſis & touſiours chez ſoy, ſe poſſedant paiſiblement en toutes occaſions. Il faut auſſi qu'vn Juge ſoit de bonne mine, & d'vne façon noble pour ſe rendre plus venerable, & exempt de toute ſorte d'auarice & hors de l'inclination des dons & preſents. A quoy des vrais Gentils-hômes ne ſe laiſſeront ſi facilement porter que des petites gens qui auront leur origine, d'honorer & de craindre pluſtoſt que d'eſtre repectez & redoutez, auront vne naturelle timidité & puſillanimité, & apprehenderont de faire effectiuement leur charge quand il s'agira de deplaire à quelque Grand, & Puiſſant qui les menacera d'vn mauuais office en Cour, pour lequel ils s'imagineront de venir à perdre leurs offices, aufquels confiftent la fubftance de leurs moyens & leur fubfiftance & efclat dans le grand Monde. D'ailleurs il en arriuera encor vn bien exterieur à la Iuftice, c'eft quelle fera beaucoup plus reuerée à mefure que fes Officiers feront plus honorables deux mefmes. Et cela feroit caufe que la Nobleffe feroit eftudier fes enfans quand elle verroit que les places des Magiftrats Souuerains font remplies de Gentils-hommes d'ancienne extraction & de pareille naiffance à la leur, au lieu qu'en temps de paix elle croupit dans loifiueté, & par confequent dans le vice, n'ayant autre occupation que de la chaffe.

A ce propos ie prendray occafion de faire entendre les moyens, que les Princes Souuerains ont en main pour auancer & foulager leur Nobleffe dans leurs Eftats, tant pour l'intereft des Gentils-hommes que du leur propre.

Il arriue fouuent que de bonnes maifons releuées de fang, feront plus chargées d'enfans que de richeffes, & par confequent font contraintes de trainer les aifles dans le monde, & dechoir de la fplendeur de leur eftoc ; les enfans eftans partagez egalement demeurants pauures lefquels eftant chargez de la fuite de plufieurs autres enfans font forcez de tomber dãs le trein d'vne vie mefquine & roturiere, à quoy les Princes peuuent remedier par les moyens fuiuants.

C'eft que les Gentils-hommes dans leur condition ne pouuants eftre qu'Ecclefiaftiques ou de robbe longue, ou courtifants, ou foldats, de Prince, ou Cheuaillier d'ordre militaire ; il faudroit que les Princes les auançaffent en chacun de ces rangs felon leur inclination.

Quant aux Ecclefiaftiques il feroit expedient que des Chapitres ou Cathedraux, ou Collegiaux ne fuffent garnis que de Gentils-hommes, ou Docteurs alternatiuement, en quoy les Nobles & les Docteurs auroient deuy aisles pour y paruenir. Et pour en rendre les reuenus suffisants il faudroit faire joindre & vnir plusieurs prieurez ruraulx qui sont possedez par des gens qui ne sont quasi point de seruice à l'Eglise, & qui se seruent de la demeure des champs pour prendre leurs plaisirs auec plus de libertez, suiuant quoy, vn Gentil-homme chargé de famille destineroit vn de ses enfans dans vn tel Chapitre : ainsi vn autre seroit aussi dressé & addressé aux lettres pour paruenir dans vne Cour de Parlement, vn autre des enfans prendroit la Croix de Malthe, le Prince en prendroit vn autre, ou pour page, ou pour Gentil-homme de sa Maison. Et en tant que concerne l'Art & profession militaire vn de ces ieunes Gentils-hommes entreroit dans des troupes de Caualerie, ou d'Infanterie, dans lesquelles les Princes entretiendroient en donnant quelques payes aduantageuses, des maistres pour les exercices des armes, pour les Mathematiques & fortifications, & pour monter à cheual. Et si le Prince n'auoit point de guerre dans ses Estats, il en enuoyeroit aux païs estrangers ou elle est, auec des bons appoinctements particuliers, & des lettres d'adresse & de faueur aux Princes & Generaux d'Armées. Puis ayants ces Gentils-hommes appris l'art militaire & acquis l'experience dans les occasions de la guerre, ils pourroient reuenir capables de bien seruir leurs Princes naturels, qui sans cela seroient contraints d'emprunter & tenir à grands gages des Officiers de guerre estrangers, qui n'auroient pas vne naturelle fidelité, & lesquels ayant appris la portée du pouuoir des Princes qu'ils seruiroient pour vn temps, & les auenuës & passages de leurs païs, en tournant casaque s'en pourroient preualoir contre eux, tellement qu'on les auroit soudoyé à gros gages pour les instruire à la ruine de l'Estat.

Il importe encor grandement, que les Magistrats qu'on elit soient dé-jà riches, parce qu'ils ne seront pas si auides du gain ny si sujects à flechir sous les presents ny sous la corruption de l'argent, dont estants pauures ils seroient tentez dans la pressante necessité de l'œconomie, & de la famille. Outre qu'estants dé-jà riches, ils seroient plus en honneur & auroient dequoy entretenir la splendeur de leur dignité.

Mais le principal soing que les Princes doiuent auoir en la promotion de leurs Magistrats, c'est sur eux mesmes en refrenant le desir & l'occasion des finances que l'ambition des particuliers leur excite; Et tant s'en faut qu'en cela ils doiuent escouter les financiers, & partisants qu'ils ne doiuent pas permettre que leurs courtisants se graissent les mains, ains à l'exemple de l'Empereur chez les Loix, doiuent chasser ceux qui vendent cette fumée, car autrement il arriuera ce que le Roy Louys XI. disoit, que ceux qui auoient acheptè leurs charges en gros les vendoient apres en d'etail. Et certes cette venalité est le ver qui ronge cette belle pomme de la Iustice, & la peste qui faict mourir le droict & la raison aux Juges qui doiuent estre des Loix animées, & qui ruine plus vn Estat que ne feroit vne guerre auec toutes ses hostilités & inuasions, d'autant quelle ne peut rauir que les fruicts des fonds de quelques années, mais les iniques & corrompus jugements des Magistrats emportent tout à coup les fruicts pendants, & les fonds mesmes & les maisons, dont seulement quelques vnes sont menacées d'incendie par la fureur & insolence des gens de guerre.

Voilà donc le premier article pour establir vne bonne administration de Iustice, sçauoir que les Princes fassent vne bonne election de Magistrats auec les circompections que nous venons de deduire, surquoy à l'occasion & proffit de la Nobleſſe, nous auons faict vne petite digreſſion, ayant jugé expedient de ſuggerer aux Princes ces propoſitions, pour y faire reflexion vn iour.

Afin que les iugements en Iuſtice ſoient ſaincts & ſains, il faut fermer la porte à la corruptiō, laquelle ſe cōtracte par l'acceptation des preſents, ny ayant rien de ſi indigne d'vn bon Juge que de receuoir des gratifications & liberalitez quelles quelles ſoient, car c'eſt l'accuſer d'auarice que de luy en preſenter l'object & la tentation, veu qu'il n'y a homme qui plaide qui voulut offrir vn ſol vaillant à ſon Juge s'il ſçauoit aſſeurement que cela ne luy ſeruiroit de rien, tout ſe faiſant pour quelque but, & rien pour rien. D'où vient que celuy qui donne à ſon Juge ſemble de faire vn contract qu'on appelle *innominé*, de donner afin qu'on donne, auſſi de ſon coſté faiſant ce ſacrilege de vouloir vendre la Iuſtice en la trahiſſant.

Qu'on ne die point que les preſents ſont de petite conſideration eſtants de petite valeur, & qu'ils ne ſont pas aſſez peſants pour faire trebucher le baſſin de la balance, car quand ils ne le feroient que d'vn grain, ils la peuuent faire balancer & ſuſpendre s'ils ne la font emporter. Et ſi bien vn Juge ne peut ſe laiſſer corrompre par preſents ſans eſtre meſchant comme diable, il ſuffit & c'eſt trop que cela luy puiſſe colorer le droict d'vne partie, & luy faire prēdre des lunettes de groſſe veuë pour faciliter & faire pancher ſon inclination. Et le malheur eſt arriué à ce poinct, qu'il y a des Juges qui ayāts pris cette tyrannique couſtume de prendre des preſents paſſent en opinion que ce qu'on leur preſente en gratification, ſoit en deuoir.

Il n'y a rien qui puiſſe plus laſcher la bride aux Juges Souuerains pour juger (ce que ie ne veux croire) par paſſion, ou corruption, ou ignorance, ou ſans attention au faict ou au droict de la cauſe, au grand detriment & preiudice de tout le peuple, que quand ils ſçauent qu'ils jugent Souuerainement & en dernier reſſort, & que leur Iugement ne ſera plus examiné ny reuoqué, & qu on n'oſeroit en murmurer ouuertement.

Le remede neceſſaire qu'il faudroit apporter à cette dangereuſe liberté de juger mal, & de leuer impunement la vie l'honneur & les biens aux gens, ſeroit, que les Cours de Parlements fuſſent obligées de mettre par eſcrit leurs motifs des Arreſts, car elles auroient honte de les mettre ineptes & abſurdes, ou faux, ou mal appliquez au faict ou au droict de la cauſe, & de donner ſujeɛt par ce moyen de croire quelles auroient rendus tels Iugements par quelque voye oblique & indirecte.

Ce ne ſeroit pas introduire vne nouuelle praticque dans le Monde, car cela ſe faict ordinairement en la Rote de Rome, ou ſe traitent des matieres de ſi grande importance, & ou les Juges ſubiſſent vn ſi rigoureux examen auant que d'y eſtre receus, & là apres que tous les motifs ont eſté exprimés dans le Iugement, il eſt permis à la partie condamnée d'impugner la deciſion & les motifs juſques à trois fois. Et dés quelques années on a introduict au Senat de Piemont cette loüable couſtume, d'inſerer dans les Arreſts leurs motifs & leurs cauſes. D'où le Public a tiré vne grande ſatisfaction, ayant cette conſolation de ſçauoir la cauſe de leur condemnation, & de cognoiſtre par là ſi leur affaire a eſté bien entenduë. Ce que les Parties ne peuuent ſçauoir autrement l'authorité abſoluë des Juges, couurant les defauts de leur jugement par ces mots qu'on met à la fin d'iceux. Et pour cauſe. Et certes c'eſtoit autrefois vne bonne couſtume de mettre en la Preface des ſentences, les motifs fondamentaux, ce qui a eſtè aboly malheureuſement auſſi bien que le ſainct vſage d'inuoquer l'ayde de Dieu, & l'aſſiſtance du sainct Esprit auant que de sentencier, & opiner en vn procés.

De là il prouiendroit vn autre grand aduantage pour le bien de la Iustice. C'est que quand le Prince trouueroit dans son Conseil residant prés de sa personne composé des plus capables gens de ses Estats, ou en l'assemblée des deleguez qu'il feroit exprez de tels hommes que les motifs que les Juges en dernier ressort auroient pris, seroient erronés en faict ou en droict euidemment, & sans que la decisiõ pust estre arbitraire, il ordonneroit par vne grãde equité, vne reuision de tels Arrests notoirement iniques par deuant d'autres Juges, qui auroient charge non seulement d'examiner la verité de tels motifs & leur application, mais aussi deplucher & considerer l'affaire en son entier, outre la reflexion des motifs qu'on auroit dõnés. Car par tel moyen les Juges seroient contenus dans leur deuoir, & tant plus retenus à juger temerairement, sçachants que le tout pourroit estre de nouueau reueü & examiné, & que par là leur Prince pourroit juger de leurs sentiments & portée de leur capacitè.

Et cela ne combat pas la souueraineté des Cours de Parlement, mais l'iniquité euidente des Iugements. Et pour cela les reuisions d'Arrests sont introduites en France, & en la Rote de Rome, à Malines, bien qu'il en faille vser sobrement, & à l'extremité d'vne iniustice. Et quand le Prince effectiuement n'en voudroit pas prendre la peine de la cognoissance, ny la deleguer à ses Ministres; il seroit tousiours bon, vtile, & expedient que les Juges sceussent & penssassent qu'il le pourroit faire afin qu'ils se rendissent tant plus circonspets en leurs jugements. Le Grand Seigneur mesme de l'Empire des Turcs vse bien d'vne pareille precaution pour faire distribuer deuëment & equitablement la Iustice Souueraine, d'autant qu'il faict assembler les Magiſtrats en vne Sale, ou le Tribunal eſt pres d'vne mince paroy afin qu'il puiſſe ſans eſtre apperceu, ouïr & entendre tout ce qui ſe dit en chaque procés aux plaidoyers & opinions des Juges, & qu'il puiſſe deſcouurir ſi quelque paſſion ou iniquité ſe gliſſe dans l'eſprit des Juges, en ſuite dequoy il entre par vne porte proche des Sieges, pour faire des reproches & reſſentiments des mauuais & meſchants ſentiments & jugements de ſes Magiſtrats, d'où vient que ne ſçachans pas ſi le Grand Seigneur les eſcoute, & s'il eſt preſent de là la muraille, ils opinent auec la meſme ſyncerité & probité que s'ils le voyoient en preſence, & dans ſon lict de Iuſtice actuellement, & ayant peur d'eſtre ſurpris vne fois, ils ſe tiennent touſiours dans la prud'homie, car il ſuffiroit qu'vn d'iceux euſt eſté vne fois chaſtié pour contenir touſiours les autres, & le doute de ſçauoir ſi le Grand Seigneur eſt preſent par derriere faict autant que s'ils auoient vne certaine notice qu'il y fuſt. Ce que certes eſt vn grãd reproche aux mauuais Juges Chreſtiens, qui ſçauent aſſeurement que Dieu tout puiſſant & tout voyant eſt preſent, & qu'il les entend, mais auſſi qu'il penetre leurs intentions iuſques au fonds de leur cœur, & qu'vn iour les jugera & chaſtiera juſtement pour leurs iniuſtices.

Il ſeroit bien encor à deſirer que la couſtume du Parlement de Dole fuſt introduite par tout le Monde ; c'eſt qu'il y a le Secretaire de ladite Cour qui eſt aſſis au bas bout de la table du Bureau du Conſeil & du Parlement, lequel comme il eſt choiſi tres-habile & intelligẽt, écrit toutes les opinions de Meſſieurs de la Cour, & toutes les raiſons que chacun apporte en opinant, afin qu'on prene garde de ne dire rien mal à propos, ou d'extrauagant, ou de faux en faict ou en droict en la cauſe, & que les Juges s'y rendent plus attentifs ; tellement qu'apres des ſiecles on sçaura que tel Conseiller a esté de telle opinion en ce procés là, & qu'il y aura eu tels motifs qui se treuueront reduits par escrit. Surquoy on ne doit repliquer qu'il seroit en danger que les parties ne sceussent les Juges qui leur auroient estés contraires par ce moyen & qu'elles ne s'en voulussent venger sur les Juges, & sur les leurs, & qu'ainsi ils seroient rendus timides & craintifs à opiner franchemẽt apprehendants les inconuenients & malheurs qui leur en pourroient arriuer; car outre que tel liure ou sont escrites les opinions est tenu bien secret, cette crainte ne doit tomber dans l'ame bien faitte d'vn Juge qui la doit auoir fortement preparée pour tels rencontres, & ne s'est deu embarquer dans la profession sans auoir affermy son esprit & estre bien resolu à exposer sa vie mesme pour l'integrité de la Iustice, & à estre inebranlable pour la pure cognoissance du droict & de la raison. Que ce Juge là prene exemple de sõ inferieur & subalterne, qui juge tout seul & qu'on sçait asseurement qu'il a esté de l'opinion du dicton de sa sentence, & pourtant il ne doit pas apprehender de sentencier, selon sa consçience. Pourquoy donc celuy qui est dans vn Corps Souuerain apprehendera-il de dire ouuertement & publiquement ce qu'il est obligé de dire par sa charge souz peine de la damnation de son ame.

Il s'est glissé vn grand abus qui retarde l'expedition de Iustice & faict rendre des mauuais jugements, c'est quand vn procés a esté ouuert en vne seance, on en ouure des autres en celle d'apres, & des autres en la suiuante, si bien que par fois on verra cinq ou six procés commencez à voir sans qu'il y en n'ait point qui soit prest à resoudre. D'où prouient double preiudice au Public, sçauoir que celuy qui plaide n'estant ordinaire de la ville, est contraint de seiourner parce que son procés est sur le Bureau, &

les autres qui ont la viſion de la cauſe entamée de meſme. Et il arriuera que celuy qui aura eſté ouuert le premier, ſera jugé le dernier, ne s'y gardãt point d'ordre. Tellement que tous ces plaideurs les vns à cauſe des autres ſe conſumeront dans l'hoſtelerie, & ſont contraints de quitter leurs maiſons & familles, & affaires, pour la viſion alternatiue & entortillée de leurs procez. Mais l'autre inconuenient eſt encor plus grand. C'eſt que les Juges ayans interrompuë la lecture des pieces en perdent les eſpeces & la memoire, & il faut tout recommencer pour la rappeller, & peut-eſtre que les premieres remarques & conſiderations qu'on faiſoit ne reuiendront plus, & les raiſons ſeront oubliées ou eſbloüies. Outre qu'on donne temps aux parties de jouër des ſtratagemes pour recuſer les juges qu'ils auront preſentis leur eſtre contraires, ou peut-eſtre de faire encor pis.

Le remede en cela eſt d'ordonner de nouueau ainſi que l'ancien Reiglement auoit ja fait & qui n'a pas eſté obſerué, que quand on aura commencẽ de voir vn procez on ne s'en diuertiſſe pas pour paſſer à la viſion d'vn autre, à quoy le Preſident qui a la direction du Bureau doit ſoigneuſement prendre garde, pour les grands inconueniens qui en reſultent.

Et parce qu'on peut eſtre attiré à ſauter de procez à procez par la diuerſité & pluralité des conſignations qui ſe font pour l'entrée extraordinaire du Senat, qu'on appelle en France entrée par Commiſſaire. Ce ſeroit vn inſigne & notable proffit du Public, d'abolir tout à fait telles conſignations pour les grands deſordres & dommages qui en prouiennent, & leſquels on va marquer particulierement.

Premierement telles conſignations empeſchent que les pauures qui plaident ne peuuent point auoir de Iuſtice, car le Bureau de l'apreſdiſné eſtant touſiours occupé pour les procez aufquels il y a confignation, & les confignations ne fe pouuant faire par les pauures gens, ils ne peuuent faire voir leur procez. Et s'il y a deux ou trois matinées dans la fepmaine on les veut employer pour acheuer les procez commencez par confignation. Tellement qu'il ne refte plus de temps pour ceux qui fe deuroient voir aux entrées ordinaires, voire mefme on prend quelquesfois fur le temps deftiné aux procez criminels. Ce qui fait tremper long-temps les miferables prifonniers. Chofe qui eft intolerable en bonne Iuftice.

De plus le grand concours de gens & d'affaires qu'il y a lors qu'on approche les Feries & que chacun veut configner pour voir l'iffuë en ce temps-là fait qu'on va entrelaçant les entrées, d'où procede vne grande retardation & arrefte les eftrangers en ville, qui ne fe veulent retirer fans voir la fin de ce qui a efté acheminé à voir. Et comme telles entrées font demandées par importunité, elles font accordées dés l'heure de midy jufques à cinq heures du foir, principalement au tẽps de l'Efté. D'où refulte vn grand prejudice aux parties plaidantes, d'autant que les Juges fe treuuans foudain apres leur difné affis au Senat, fur leurs chaires, parmy les grandes chaleurs, ils s'affoupiffent & s'endorment & ainfi ils pourront laiffer paffer en la lecture des actes quelque poinct en faict & en droict qui fera decifif, & ne pourront former vne faine opinion, ou feront contraints de s'en rapporter mal à propos à autruy.

Outre qu'il ne s'y treuue que le temps de cinq heures pour deux confignations, au lieu qu'on en y deuroit employer fix à chaque confignation deuant eftre pour trois heures entieres. Et encor les cinq heures ne font pas entieres parce que tous les Juges ne fe treuuent jamais affemblez qu'enuiron demy heure apres midy. Ce qu'eftant joint auec quelque petit diuertiſſement qu'il faut prendre parmy les chaleurs dans vne ſi longue ſeance emporte prés d'vne heure.

Il ſeroit donc expedient de leuer telles conſignations tout à fait & d'ordonner que le Senat entreroit matin & ſoir les jours non feriez, & que quand il auroit entamé vn procez qu'il ne ſe detourna point à vn autre, & qu'il le ſuiuit; & pour recompenſer les proffits de ces conſignations il pleut au Prince de donner double gage à la charge qu'il entreroit tous les jours non feriez, le matin & l'apreſdiné hors le Ieudy l'apreſdiné, qu'on chommeroit & ne ſeroit pas loiſible d'entrer pour procez, afin que les Juges peuſſent ſe preualoir de ce temps-là pour leurs affaires ou pour leur honneſte recreation. Et à la charge auſſi que tels Officiers & Miniſtres de Iuſtice ne receuroient aucuns preſens quels qu'ils fuſſent, ny directement ny indirectement des plaidans. Et ſi bien en ce cas les gages s'augmentoiẽt. Il eſt manifeſte que cela ſeroit pour le bien euident du peuple & pour l'adminiſtration de Iuſtice, en laquelle l'eſtat vniuerſel peuſt eſtre intereſſé : & il faut conſiderer que les tributs & les tailles ſe payent en partie aux Princes Souuerains, afin qu'ils adminiſtrent & diſtribuent la Iuſtice aux ſujets, par eux meſmes, ou par les Magiſtrats qu'ils deputent, ſi bien qu'vne partie de tels reuenus doit eſtre appliquée pour les fonctions de la Iuſtice, pour laquelle les Roys & les Souuerains ſont eſtablis tels de la part de Dieu, qui les faits en cela ſes Lieutenans en terre.

Apres tous ces bons remedes, vne des bonnes precautions qu'on peut apporter au train Iudiciel eſt de faire & ordonner que quand le Rapporteur d'vn procez fera ſon rapport au Senat, les parties puiſſent eſtre preſentes auec leurs Aduocats & Procureurs, & qu'apres que le rapport aura esté fait, les Aduocats puissent representer ce qui aura esté obmis de decisif, ou bien arguer auec respect si on a diuersifié ou alteré & biaizé le fait, les actes ou l'intelligence d'iceux, ou obliè les raisons qui auront estés deduites au procez de part & d'autre. Ce qu'estant acheué on les fera sortir du Bureau, & lors le Senat ayant compris le poinct decisif, comme il auroit fait en Audience publique, jugera sur le champ en voyant & examinant les pieces necessaires pour la decision de la cause, sans qu'il fust besoin de parcourir des grands volumes de procez, dont la vision de la sorte demeureroit inutile, puisque par ce moyen les Juges seroient autant, voire bien mieux instruits qu'ils ne sont aux Audiences, & jugeroient auec beaucoup plus de loisir, d'examen & de raisonnement & consideration.

Les proffits qui resultent de ce Statut sont tres-grands & tres-importans. Le premier est que les parties plaidantes auront ceste consolation de sçauoir si leur cause est bien entenduë. Le second est, que le Rapporteur taschera de s'en bien instruire, de peur que les Aduocats des plaidants ne le releuent en quelque circonstance du fait. Le troisiesme est, que quand bien le Rapporteur seroit meschant il ne pourroit tromper, ny jouër, ny faire quelques bassetes, ny cacher aucune piece ny aucune circonstance importante du fait. Le quatriesme est l'expedition de Iustice, car vn procés sera bien vuidé de ceste façon dans vne seule entrée; & sans cela il en faudroit bien employer dix. Le cinquiesme est que le Rapporteur & les Juges auront leurs consciences plus satisfaictes; puisque le tout aura esté suffisamment esclaircy tant par le Rapporteur, que par les Aduocats des parties qui auront estés presens, & qui auront peu contredire au rapport qu'on aura fait.

De là prouient vn grand poinct; c'est que les Audiences publiques ne seroient plus autrement necessaires, lesquelles certes ont estés introduittes à bonne fin; sçauoir pour juger promptement & sur le champ les procés pour la pompe & majesté des Tribunaux de Iustice, & encor pour l'enseignement des jeunes Aduocats qui assistent à la barre : mais aussi faut-il aduouër que telle introduction est prejudiciable au public comme la peste; parce qu'on fait entendre aux Juges souuent des mensonges, desquelles estans surpris & preuenus jugent legerement & tres-mal, ayant esté remarqué plusieurs fois quand on a opiné en Audience sur les plaidoyers des Aduocats, & y ayant heu Arrest de remettre pieces pour juger, ayant depuis veu les pieces, que l'affaire auoit esté mal entendu, le Senat changeant par fois d'opinion, & que tel a obtenu pieces veuës qui fust esté condamné tout à plat en Audience. Outre qu'il est bien difficile que les Juges s'y puissent bien acquiter de leur deuoir, veu que cét establissement d'Audience presuppose qu'ils ayent tous les qualitez suiuantes eminemment, outre celle de la conscience & crainte de Dieu, sçauoir, qu'ils ayent bien l'esprit present & l'attention bandée, qu'ils soient prompts à conceuoir & à comprendre le fait, qu'ils ayent vn raisonnement vif & judicieux, qu'ils connoissent d'abord le poinct decisif, & qu'ils soient doctes pour se pouuoir resoudre sur le champ en droict, & qu'ils ayent bonne memoire du faict & des doctrines decisiues en droict. Outre que l'experience fait voir que les causes plaidées en Audience ne se peuuent la plufpart du temps vuider sainement que celuy qui preside ne forme quantité d'interrogats aux Aduocats, ou fasse lire des actes & contracts pour l'esclaircissement de la chose. Or est-il que toutes ces belles qualitez ne peuuent que bien difficilement concourir aux perſonnes des Juges, & ainſi les jugemens precipitez courent fortune de la faire courir aux parties. On a veu que le Senat ne faiſant point de difficulté de juger pour vne des parties, par le concours vnanime des voix exceptées deux tant ſeulement, qui eſtoient contraires, leſquelles ne pouuant contrepeſer ny arreſter les autres & voyant que l'affaire eſtoit mal entendu s'eſtans reduittes à vouloir voir les pieces, & ayant attiré à cela vne autre voix & ayant eſté ordonné que les pieces ſeroient produittes, & remiſes, les pieces eſtans veuës fut rendu Arreſt conformement aux deux voix contraires à toutes les autres, & ne treuua-on point de difficulté à ſe départir des opinions qui auoient emporte toutes d'vn coſté en Audience, tant le fait auoit eſté mal pris. En quoy on vit le hazard du coup de barre, & combien il ſe manqua peu de voir deſpoüillé de ſon bien celuy qui de droict y deuoit eſtre maintenu. Il s'eſt veu meſmes ſouuent que celuy qui preſide pour monſtrer la promptitude de ſon eſprit ſe leue pour aſſembler le Senat auant que la replique & duplique ſoit faite par les Aduocats qui ſe voyans ainſi precipitez ne peuuent de moins que de ſe troubler, & peut-eſtre oublier les meilleurs poincts. Et de plus il peut arriuer des grands inconueniens, que le Preſident prene des voix d'vn coſté pour les porter à l'autre. Car s'il eſtoit meſchant homme, & qu'il voulut faire le traict d'amy, il pourroit faire entendre la pluralité des voix en faueur de la partie à laquelle il inclineroit & en retournant vers le premier rang il en pourroit faire autant. Et outre ce, on ne ſçait pas s'il deduit & fait entendre les raiſons qui ont eſtés dittes pour vne telle opinion, leſquelles ſi les autres Juges les ſçauoient les pourroient mouuoir à changer d'opinion, ainſi qu'vne commune conference fait faire par fois. Il ſe voit donc que tout ce qui a esté deduit cy dessus fait voir qu'on a heu raison de dire que les coups de barre sont dangereux, comme assommant à tort le droict innocent d'vne partie plaidante. Aussi ces Audiences publiques ne sont guiere pratiquées pour la decision deffinitiue, qu'en France & aux païs circonuoisins, y ayant plus de raison de se fier aux escrits qu'on voit & qu'on lit, qu'aux parolles qui eschappent, & qui peuuent estre mensongeres, & lesquelles ne peuuent estre digerées si meurement & solidement que l'escrit qui est pesé & ruminé à loisir, estant bien difficile que l'esprit humain pour bien tymbré qu'il soit, puisse faire sur le champ le tour d'vn meur raisonnement en la teste dans si peu de temps. Il n'y a que la parade qui en soit belle, flattée de quelque plus briesve expedition, ce semble : mais injurieuse à celuy qui n'a qu'à faire pour ceste pompe & defaite d'affaires de perdre son bien mal à propos. Ainsi il est tres veritable qu'il faut que les bons Juges jugent tellement chaque affaire auec tant de circonspection comme si en toute leur vie ils n'auoient à juger que celuy-là seul. Puis que chaque plaidant n'a affaire que de son procez & non de ceux des autres; & j'entends qu'au Parlement de Tholoze qui est composé des plus Doctes, on n'en juge iamais quasi diffinitiuement en Audience.

Pour faire rendre plus solidement les Iugements en Iustice, il faudroit ordonner que tous les Juges opinants fussent obligez d'apporter les raisons de leur opinion sans se rapporter simplement à celle d'vn preopinant, parce que par ce moyen ils tesmoigneroient s'ils entendent bien le faict & le droict. Et en cas qu'ils erraffent en faict pourroient estre corrigés par le President ou par le Rapporteur, & à defaut de ceux là par quelqu'vn de la Compagnie, & en deduisant les raisons de leur dire, ils n'oseroient entrer dans les absurditez, & partant penseroiẽt mieux à establir leur jugement & à estre attentifs à la vision des procés. Et encor à ces fins il semble qu'il seroit à propos qu'il fût permis au President de pratiquer quand bon luy sembleroit ce qu'on dit que le President Catherin Pobel faisoit par fois, sçauoir de demander l'opiniõ en premier lieu, non pas au Rapporteur du procés, mais à tel des Senateurs qui seroit le moins ferré, ou qui n'auroit estè attentif à la lecture des pieces, afin que par ce moyen chacun se tint dans l'attention & dans la preparation d'opiner, ne pouuant se rapporter à l'opinion d'autruy.

Il seroit encor expedient que quand il se rencontreroit quelque notable doute en droict en la decision de la cause, le Presidẽt n'en demanda pas les voix sur le champ, ains enjoignit aux Juges d'y penser jusques au lendemain & de consulter les liures. Car il est grandement à craindre que les Juges venants à lascher leur voix sur vn poinct douteux ne le fassent temerairemẽt à la volée, ne voulant pas tesmoigner d'y hesiter de peur d'estre mesestimez : Et cependant le bon homme perdra son bien. Et encor n'y auroit-il point de mal que le President apres auoir oüy toutes les opinions, interrogea les Juges s'ils persistent tous en leurs opinions veu qu'il se pourroit faire que quelques-vns ayans oüis les raisonnemens des autres seroient meus à changer & conuaincus des raisons alleguées contre leur premier sentiment. Ce qu'ils peuuent taire pour la mauuaise honte qu'ils ont de se vouloir retracter pensant qu'il y va de leur honneur comme estant chose extraordinaire.

Mais d'autant que l'ignorance peut chercher souuent vn pretexte d'equité, mesmes en un Corps Souuerain, pour se detacher des principes & reigles ordinaires de la

Iurifprudence, & juger felon le caprice de leurs fens, pour n'auoir pris la peine ou ne la vouloir prēdre d'eftudier, il deuroit eftre defēdu de juger autrement que par la decifion des textes & des communes & receuës opinions des Docteurs; Et en cas qu'on verroit vne euidente equité au contraire, à laquelle vn Corps de Iuftice Soueraine deut auoir efgard on pourra faire l'Arreft à raifon d'icelle, mais en ce cas-là il ne faudroit pas qu'il s'en alla par vne ordinaire pluralité de voix, ains il faudroit que les trois parts du Corps, comme neuf de douze fuffent d'aduis de fuiure telle equité de peur qu'à tout bout de champ, le pretexte d'equité ne fuft inique, & que le pont ne fe fit à l'ignorance qui preuaudroit fur la doctrine.

L'Importance eft qu'on a beau chercher des bonnes precautions pour faire former des bons & fains jugemens, fi les Princes comme a efté dit au commencement n'y apportent les premiers & plus affeurés remedes. C'eft de faire eflection de gens qui foient vrais gens & hommes de finguliere probité, integritè & de doctrine, & qui ayent vn parfait fens commun pour bien appliquer leur fcience, qui foient maiftres de leurs paffions eftant à fouhaiter pour la probité des Juges, ce que Iofephe dit des Hiftoriographes : que pour eftre accomplis ils fuffent fans crainte, fans amour, fans haine, fans patrie, fans parens, fans amis & fans ennemis, & en vn mot fans aucune apparence d'autre intereft que de la reputation & du merite qu'ils voudroient acquerir pour le Ciel, fans regarder la terre de peur que la pouffiere vint à entrer en leurs yeux,

DES CRIMINAVTEZ.

C'EST icy que les Princes sont tres-humblement suppliez d'ouurir les yeux & les mains; les yeux pour voir les crimes qui se commettent en leurs Estats & les faire chastier; & les mains pour establir vn fonds d'argent tous les ans sur lequel on fournisse à la despense necessaire pour faire faire les Informations des delits publics & qui meritent punition exemplaire, en faire les procedures requises & les executions des Iugemens, sauf à estre remplacé & remboursé sur les condamnez, outre le proffit qui leur pourra prouenir des amendes adjugées contre iceux. C'est le grand interest des Princes de purger leurs Païs & prouinces d'hommes meschans & scelerats, non seulement parce qu'ils y sont obligez par la puissance & authorité que Dieu leur a donnée en les constituant Princes pour cela, leur ayant confié la prerogatiue & ſuperiorité ſur les autres hommes qui leur ſont eſgaux par nature; afin que par la Iuſtice qu'il leur met entre les mains ils contiennent les peuples en leurs deuoirs, & gardent les plus foibles des oppreſſiõs des plus puiſſans, & que le repos public ne ſoit point troublé par les particuliers. Mais encor ils ſont intereſſez pour eux-meſmes, tant pour l'aſſeurance de leurs perſonnes que pour empeſcher les ſeditiõs, conſpiratiõs, & eſmotions populaires, partis, cõplots & rebellions, car contenant les mauuais, par l'exemple du chaſtiment, les Sujets ne ſerõt pas ſi toſt des mauuais, des mutins & des rebelles, contre l'authorité & le joug de leurs Princes naturels, la crainte de Dieu & celle de la Iuſtice du Prince, eſtans les deux piuots ſur leſquels roule aſſeurément & inceſſamment le bonheur des Eſtats & Dominations.

Afin que la Iuſtice contre les crimes ſoit adminiſtrée, il plaira aux Princes de faire obſeruer les Ordonnãces ſuiuantes.

Premierement, qu'il eſt ordonné & enjoinct aux Sieurs Aduocat & Procureur General qui ont le meſme ferment; aux Fiſcaux inferieurs, aux Procureurs d'office des Iuriſdictions ſubalternes de faire enquerir & informer diligement & ſecretemẽt ſur tous les delits & excés publics, & dont les peuples demeurent notablement mal edifiez & ſcandaliſez, comme ſont les crimes de leze Majeſté diuine & humaine, aſſaſſins, meurtres, vols, larcins, batteries juſqu'à effuſion du ſãg, ou mutilatiõ de mẽbres, injures & mépris faits à la Iuſtice ou aux magiſtrats & executeurs des mãdats de Iuſtice, ſcandales arriuez aux profanatiõs des choſes ſaintes, Eccleſiaſtiques, injures & mépris des Preſtres, ſeditions, complots mal-intentionnez & autres delits ſcandaleux qui meritent la vengeance publiq; & exemplaire.

Et à ces fins tous les Officiers sus-mentionnez sont chargez expressément de s'informer de tels crimes, & auoir des confidents par tout, pour les pouuoir descouurir. Et afin qu'ils puissent plus facilement venir à notice, il faudroit ordonner que ceux qui en sçauroient la verité viendroient à le faire sçauoir aux Officiers Locaux, ou aux Sieurs Generaux, aux Fiscaux ou aux Procureurs d'office; qui leur bailleroient attestation de la denonce qu'ils en feroient. Et en recompense & sans qu'ils fussent obligez à faire partie, ny aucune poursuitte, voyant l'attestation faite de telle denonce, mesmes auec la nomination des tesmoins. Les Juges en procedant aux jugemens contre les delinquans adjugeroient des amendes en faueur des denonçãs & les noms d'iceux, afin qu'on les puisse sçauoir, seront mis en registre secret au Greffe criminel du Tribunal, ou le procés sera pendant, qui demeurera riere le Juge. Et ne sera le denonçant soit instigateur nommé par le jugement ains seront les amendes adjugées au denonçant simplement.

Sera aussi enjoint à tous ceux qui auront pris les informations de les remettre au Greffe criminel du siege ou le procés se fera dans la huictaine apres que l'excés aura esté perpetré & commis, à peine d'vne grosse amende, & à ceux qui deuront y conclurre de le faire dans trois jours apres que lesdites informations auront estés rapportées; & aux Juges d'y donner leurs prouisions dans autres trois jours apres.

Et quand les prouisions auront estés laxées pour regard de la sorte des crimes sus-mentionnés sera tenu registre d'icelles par le Magistrat qui y aura pourueu, & toutes les sepmaines vne fois il s'enquerra des personnes susdites qui doiuent tenir main à la poursuitte, si lesdites prouisiõs sont executées & en quel estat sera la procedure, & s'il y

5

a de leur negligence feront comminez d'vne amende la premiere fois, & la feconde feront condamnez à vne groffe amende, & pour la troifiefme, feront fufpendus pour fix mois de leurs charges & de leurs gages, le tout dés à prefent declaré, fans que mefmes aucun Juge, ny Tribunal s'en puiffe difpenfer.

Et les fufdits à qui il appartient ladite pourfuitte feront obligez & tenus de faire executer les adjournemens perfonels, ou prife de corps dans la huictaine apres lefdites prouifions, & de faire proceder à la formalité des procés criminels inceffamment & fans aucune interruption, faire venir les tefmoins pour les repetitions & confrontations, & pourfuiute la iuftification que les accufez feront faire. Le tout à peine de ce que deffus, en cas de leur neglicence.

Sera auffi procedé aux jugemens des criminels par les Corps de Iuftice le Mercredy & Vendredy de chaque fepmaine, fans qu'on s'en puiffe difpenfer ny diuertir les feances, pour des procés ciuils, ny pour quel pretexte que ce foit, finon que ce fuft l'vrgeant feruice du Prince, & quant aux autres Juges, il leur eft auffi enjoint d'y vacquer diligemment, à peine d'en eftre refponfables & d'eftre chaftiés par les Superieurs.

Quand il y aura appel interjecté par des accufez, il leur eft enjoinct de faire leurs diligēces, pour le faire vuider dās le mois. Et en cas qu'iceux ne le faffent, ou qu'ils ne faffent apparoir & confter (fans en eftre interpellés) par deuant les Juges defquels eft appel de ladite vuidāge, ou de leurs diligētes pourfuites, à ces fins fera permis à iceux de paffer outre, tout ainfi que s'il n'y auoit point heu d'appel interjecté. Et ferōt tenus audit cas les Sieurs Generaux de remettre & rendre les pieces criminelles s'ils en font faifis, fans qu'il foit befoin de fe pouruoir & faire inftance pour ce regard.

Eſt auſſi enjoint de nouueau à tous Procureurs Fiſcaux & Procureurs d'office d'enuoyer aux ſieurs Generaux ſuiuant l'ancien Reiglement de trois mois en trois mois le roolle de tous les procés criminels pendans en leur ſiege qui concerneront les crimes publics, auec l'eſtat des procedures. De quoy tout le Senat ſera informé par les Sieurs Generaux, afin qu'ils puiſſent ſçauoir ſi rien demeure d'impuny d'enorme & ſcandaleux dans l'Eſtat.

Quand aux crimes de la nature ſuſdite il y aura partie Ciuile les Sieurs Generaux Fiſcaux & Procureurs d'office ne ſeront deſchargez s'il ne ſe fait point de pourſuitte, ains ils tiendront main quelle ſe faſſe par icelles promptement, ou la feront faire, ſauf à repeter la deſpenſe contre la partie ciuile promptement, & ſauf à icelle ſon rẽbourſement contre les criminels, quand ils y ſeront condamnez, & encores qu'il n'y ait point de partie ciuile, leſdits vengeurs publics ſeront obligez de faire faire toutes les executions ſur le fonds qui ſera donné pour la pourſuitte des criminels & aux deſpens de leurs maiſtres.

Lors que quelque delict public comme deſſus ſe commettra dans quelques Terres & Iuriſdictions des Seigneurs particuliers. Ils ſeront obligez d'en faire rendre iugement dans trois mois à peine de cent liures d'amende, auſquelles ils ſeront condamnez pour la premiere fois, & pour la ſeconde en deux cens, & pour la troiſieſme, ſeront priuez de la Iuriſdiction qu'ils ont ou ſur les perſonnes delinquantes, ou ſur le lieu ou elles auront delinqué, ſauf leurs recours contre leurs Officiers s'ils y ont eſtés ou negligens, ou comminens.

En cas qu'il y ait aux delits ſuſdits des Iugemens rendus en contumace, ſeront executés dans la huictaine apres, pour regard des amendes ſur les biens des condamnés. Et en cas qu'il y ait peine de mort eſt enjoint de faire faire l'execution en effigie, auec le nom du condamné dans la huictaine, apres la prononciation du Iugement.

Il est ordonné que toutes sentences & Iugemens de criminauté diffinitifs rendus en contumace seront prononcés aux Audiences publiques, afin que les condamnés soient plus diffamés ; & que ceux qui se sentiront innocens comparent en Iustice pour se iustifier, craignans vne telle diffamation.

Il seroit bien expedient pour mieux contenir les meschans qui se fient d'obtenir par le moyen de leurs amis la grace de leurs crimes qu'il pleut de faire reuiure effectiuement l'article du Styl 155. qui porte que toutes lettres venant de la grande Chancellerie, lesquelles seront obreptices, ou subreptices, ou inciuiles seront retenuës, & qu'on ne s'y arrestera non plus que si elles n'auoient pas estés concedées. Car par ce moyen les crimes enormes qui ne sont dignes de commiseration seroient chastiez, & en suitte de cela euitez. La bonté & misericorde du Prince demeurant pour les crimes ausquels il y a plus de l'infirmité humaine, que de la noire malice, ou de l'accident & de la surprise & promptitude que de la deliberation & resolution.

Puiſque nous auons traiƈté cy-deuant des Magiſtrats & de la diſtribution qu'ils doiuent faire de la Iuſtice il a ſemblé qu'il ne ſeroit pas fait mal à propos d'inſerer icy les memoires du Diſcours 36. que j'ay fait & prononcé le neufuieſme Ianuier mil ſix cens quarante-ſix à l'ouuerture du Conſeil & Preſidial de Geneuois, où ſont marquez pluſieurs deuoirs des Juges & Magiſtrats naïfuement, ſans auoir recherché les fleurs d'eloquence.

DISCOURS PRONONCÉ LE 9 JANUIER 1646, DANS LE CONSEIL DE GENEUOIS.

IL eſt vray ce que ie dis ſouuent en diſcours familier, que les Magiſtrats doiuent eſtre plus qu'hommes, & qu'ils ne ſont pas parfois aſſés hommes. La pure Iuſtice ne peut eſtre adminiſtrée que par la Iuſtice meſme qui eſt Dieu. Cét attribut luy eſtant ſi propre qu'il ne peut eſtre Dieu qu'il ne ſoit juſte, voire la Iuſtice. Car ſi pour juger il faut auoir l'authorité & la cognoiſſance, qui l'a que Dieu, lequel eſt le Souuerain eſtre, & qui penetre les replis des cœurs. Ce qu'a tres-bien exprimé le mot Hebrieu d'*Eloïn*, qui veut dire Dieu & Juge tout enſemble, & Dieu Juge, & voire Dieu Juges en pluriel, pour monſtrer qu'il contient toutes les Iuſtices. Et d'effeƈt on lit bien dans les ſacrez Cayers qu'il a donné la charge de l'execution de ſa Iuſtice aux Anges, comme pour le regard de Sodome & Gomorre, mais jamais il ne leur a donné le pouuoir de juger, ains ſeulement à ſon Fils, qui eſtoit Homme, mais Dieu tout enſemble. *Dedit Pater Filio poteſtatem iudicium facere.* C'eſt donc vne grande faueur qu'il a fait aux Magiſtrats, de leur donner ceſte puiſſance mediatement par celle des Princes, & c'eſt parce que l'homme eſt fait à ſon Image & ſemblance, mais ayant eſté toute broüillée & biffée par la licence du peché il eſt arriué que l'homme eſt deuenu moins qu'homme au lieu qu'en qualité de Magiſtrat & de Juge des autres hommes de la meſme nature il deuoit eſtre au deſſus de luy-meſme. Ce qu'on a voulu ſignifier en releuant les Sieges & Tribunaux Iudiciels de pluſieurs Marches ſur les peuples, pour faire voir que les Juges doiuent eſtre de meſme en perfeƈtion, qu'ils ne doiuent plus auoir de l'humeur vulgaire, & qu'ayant pris l'essor au dessus, tout ce qui est terrestre ne doit plus paruenir iusques à eux. Pleust à Dieu que ces Throsnes de Iustice fussent eleuez iusques sur le mont Olympe, afin que les meteores & les vents des passions n'y peussent pas atteindre? Mais las! les vapeurs terrestres de l'Enuie, de l'Inimitié, de la vengeance, de la faueur, & de la timidité & auarice, passẽ jusques aux Sieges & cerueaux des Juges de telle façon que les foudres & les grelles & les tẽpestes en tombent sur le pauure peuple, quand quelqu'vne de ces passions rencontre des objets & des occasions. Le venerable Pierre Abbé de Cluny rapporte que de son temps il se treuuoit dans les Paluds Meotides vn peuple Barbare qui adoroit pour Dieu la premiere chose qui se presentoit à luy ce jour-là, au sortir de la maison. Tellement que s'ils eussent rencontré d'abord vn chariot; leur Dieu ce jour-là estoit vn chariot, si du foing de mesme, si vne lanterne, aussi de mesme. Helas! il en prend ainsi à vn Magistrat passionné, si en l'administration de la Iustice il chocque contre vn objet d'enuie, de vengeance, de crainte, & d'auarice, il prendra ce jour-là pour son Dieu telle passion, & idolatrera ses sentimens passionnez, comme diuins & raisonnables, & pensera de plaire à la raison en se plaisant à soy-mesme, au lieu de regarder sincerement la pure & essentielle verité de la chose & de la question qui est à decider, & de dire comme ce Courtisan qui se vantoit d'estre plus Veronnois que Plaisantin; c'est à dire, qu'il aimoit mieux dire le vray que de plaire. Aussi Platon disoit qu'il n'appartenoit qu'aux Medecins d'estre menteurs pour soulager les apprehensions des malades, & parce qu'ils ne voyoient pas les pieces desquelles ils jugent, ce que les Magistrats ne peuuent pas dire. Et certes, il faut que j'aduouë qu'il est bien difficile, voire impossible qu'vn homme puisse estre parfait Magistrat, puisqu'il faut qu'il ait tant de perfections ramassées, qui ne peuuent quasi estre vnies dans vn homme mortel. Ie voudrois bien vous les pouuoir deduire, mais ie ne puis pas, c'est que ie ne les sçay pas moy mesme toutes. Ie feray seulement comme cét ingenieux graueur auquel vn Prince commanda de luy buriner sur vn Lapis d'vn chaton de bague les figures des onze mille Vierges, ce qu'ayant refusé au commencement comme chose impossible, prit à la fin courage de l'entreprendre par cét artifice. C'est qu'il burina vne Eglise qui auoit vne porte deuant & vne porte derriere, à la porte deuant il y mit sainte

Vrſule qui fut martyriſée la premiere, & à l'autre il y mit ſainćte Corbule, qui receut la derniere de toutes la cōronne du martyre, & ayant porté cét ouurage au Prince luy diſant qu'il s'eſtoit acquité de ſon prix-faiɛ̃t; le Prince luy diſant que d'onze milles Vierges il n'en voyoit que deux, & luy demanda ou eſtoient toutes les autres. A quoy cét artificieux graueur reſpondit, que toutes les autres eſtoiẽt dans cette Egliſe grauée, mais à cauſe des murailles il ne les pouuoit pas voir, dont il fallut que ce Prince fuſt ſatisfaiɛ̃t. De meſme ie vous diray qu'il y a quantité de preceptes pour la charge de Magiſtrat, comme ſeroit de l'attention, circonſpećtion, raiſonnement apathie, ſoit priuation de ces paſſions, d'auarice, de hayne, de vengeance, d'enuie, de precipitation, de timidité, leſquelles ie mettray toutes dans le temple de Iuſtice, & logeray ſeulement aux deux portes ces deux, afin que vous les puiſſiez voir, ſçauoir la crainte de Dieu, & la ſcience: car quant à la crainte de Dieu c'eſt le Soleil qui nous eſclaire pour enfiler le chemin que nous deuons tenir en l'adminiſtration de la Iuſtice. Mais il faut que cette crainte ſoit ſolide, efficace & aćtuée en chaque diſtribution que nous en faiſons, & que deuant que d'arreſter nos deciſions, nous rentrions dans nous meſmes, pour y voir la preſẽce de Dieu, & la paix de nos cœurs auec les paſſions, & que nous nous mettions dans la iuſteſſe pour venir à la Iuſtice; car autrement il nous en prendroit comme à ceux qui ont les prunelles jaunes qui voyent de couleur jaune tout ce qu'ils regardent, & qu'ainſi ſans nous en apperceuoir nous opineriõs en ſuite d'vne preoccupation d'eſprit & de quelque ſecrette paſſion. Que ſi Ioſephe a dit que pour eſtre bon Hiſtoriographe il faudroit qu'il n'euſt ny Roy, ny Patrie, ny parens, ny amis, ny ennemis, de peur de deſguiſer par quelque conſideration ſon Hiſtoire. Nous pouuons bien dire qu'il ſeroit expedient que le Magiſtrat en fuſt de meſme, pour euiter les deſordres, que les timiditez & les affećtions paſſionnées du cœur luy peuuent apporter. Et quant à la Science que ie mets à l'autre porte de ce ſainćt Temple de Iuſtice, il la faut certes auoir generale & ſuffiſante, puiſque qui ne l'a qu'à moitié peut dire de ne l'auoir pas ſuffiſamment, eſtant de l'aduis & quant & quant de l'eſtonnement qu'auoit le B. H. François de Sales noſtre admirable Eueſque, ainſi qu'il m'a eu dit que pour noſtre profeſſion il falloit ſçauoir tant de choſes enſemble; les textes des loix des Pandećtes, celles du Code de Iuſtinian, les Edits, le Style, les communes opinions des Docteurs, les Decisionnaires, & encor quelques coustumes. Surquoy ie crois que beaucoup de ces belles parties demeureront cachées dans le temple de ces vnze mille vierges que i'ay dit. Car auiourd'huy le malheur a voulu qu'on s'estudie plus à s'acquerir dequoy financer, que toutes ces belles parties de science. Ce qui a faict dire plaisamment à vn bel esprit, qu'autrefois le theatre de la Iustice & des Magistrats estoit cõme vne Mappemonde vniuerselle; & qu'auiourd'huy c'est comme vne description particuliere d'vne Prouince, d'autant disoit-il que tout ainsi qu'aux Mappemondes vniuerselles, on n'y voit que les Royaumes, les Prouinces, & les Villes capitales. On ne voyoit autrefois en Magistrature que de grãds hommes, principaux en naissance, en integrité, & en doctrine. Mais comme aux Cartes des Prouinces on y voit non seulement la Prouince, mais toutes les Villes & bourgades, chasteaux & villages qu'on trouue au passage. Aussi maintenant dans les Magistratures on y trouue toute sorte de gens, pourueu qu'ils ayent eu d'argent & d'ambition, & iusques à cét abus qu'il s'y rencontrent qui sont atteints des mesmes vices, qu'ils chastient tous les iours aux autres personnes, punissant les blasphemateurs l'estans eux mesmes, les larrons, eux prenant des droicts sans droict & des presents prohibez, des actes faits par colere, & par vengeance, eux mesmes estans coleres & vindicatifs ayants des yeux de milan pour autruy, & de chouëtte pour eux mesmes. On leur pourroit bien faire le mesme reproche qu'on faict à Platon de ce qu'ayant voulu descrier & detester l'Eloquence dans vn Chapitre, il n'a jamais esté si eleguant ny éloquent au triage des mots qu'en ce lieu-là, ou il a encouru ce qu'il blasmoit. Ce qu'on pourroit imputer à plusieurs Juges, qui sont tachez de mesmes crimes qu'ils lauent sur les autres. Que tels Magistrats donc pensent à autruy en pensant à eux, & à eux en pensant aux autres, & qu'ils mettent peine d'estre tels en particulier qu'ils desirent de paroistre en public, & qu'ils veulent estre estimez, veu qu'il ne sert de rien qu'ils se monstrent patients dãs vn Auditoire, & dans vn Bureau & bijarres & soudains & choleres quand on les va informer à part, deuant auoir par tout de deportemẽts de bien seance & de bon exemple sans estre comme vn certain Religieux, lequel se contenoit dans vne grande modestie dans les compagnies & dans la communauté, & parce qu'il auoit esté nourry de laict de cheure au lieu de celuy de femme suiuant l'inclinatiõ de cette nourriture, aussi tost qu'il estoit retiré dans sa chambre se mettoit à bondir, à sauter, & à caprioler comme vn chevreau ne se souuenant mesme plus de la modestie Religieuse. Ainsi le Magistrat estant vn horologe de bon exemple le doit marquer à toutes heures & auoir vn contrepoids à ses legeres & mauuaises inclinations. Ce que nous entendrons plus facilement par cette similitude. Il y a bien difference du son & des coups du tintoüin d'vne cloche à sonner & de celuy d'vn tymbre d'vn horologe d'autant qu'on ne prend point garde au nõbre des coups qu'vne cloche commune donne, parce qu'il n'y en n'a point de determiné. Mais en vn horloge il n'en prend pas de la sorte, d'autant que le nombre des coups du marteau doit estre reiglé, tellement que si au lieu d'en battre sept il en bat neuf ou dix, on dira qu'il est detraqué, & qu'il ne faut plus s'y arrester. Il en arriue de mesme parmy les hommes, car encor que les hommes communs du Peuple n'ayent pas toutes leurs actions tirées au niueau de la raison, on n'en dit mot; mais si vn homme de Iustice faict la moindre demarche à quartier, & que toutes ses actions ne soient pas exactement cõpassées, on le decrie, on le diffame; parce que la moindre tasche se cognoit sur la pourpre, & vn petit dereiglement est tenu pour exorbitant en cette personne, qui doit auoir toutes ses pensées & actions reiglées & adiustées à la raison. Il ne me reste plus que de mettre le clou à la roué de ce discours, ou que ie le mette à vostre memoire pour les choses que ie vous ay deduites. C'est par vn mot dit de la bouche d'vn Reuerend Pere General des Chartreux de nostre temps, & duquel i'ay eu le bon-heur d'estre cognu, & aymé. Ce grand homme sur les dernieres heures de sa vie ayant esté visité d'vn tres-Illustre Cardinal qui auoit esté de son Ordre, le pria tout moribunde qu'il estoit, de prendre en bonne part ces parolles; Qu'il se souuint d'auoir esté Chartreux, & de ne faire jamais rien en la vie dont il se deut repentir à l'heure de sa mort. Ie vous en dis maintenant autant & à moy mesme, que nous nous souuenions d'auoir estés Magistrats, & de ne faire rien qui nous puisse donner du repentir, ou du suject de restitution vers le prochain à l'heure de la mort. Dieu nous en face la grace.

QVATRIESME PARTIE.

PREFACE.

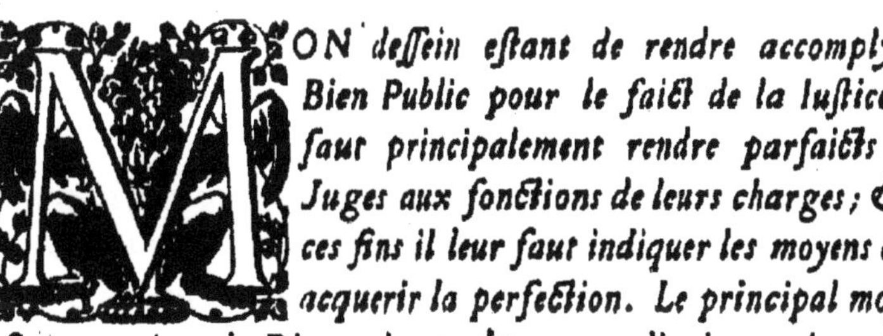

MON dessein estant de rendre accomply le Bien Public pour le faict de la Iustice. Il faut principalement rendre parfaicts les Iuges aux fonctions de leurs charges ; & à ces fins il leur faut indiquer les moyens d'en acquerir la perfection. Le principal moyen est une crainte de Dieu eminente & extraordinaire, qui consiste en la consideration de la continuelle presence de Dieu au temps qu'on juge, & en l'examen de conscience pour toutes ses fonctions, & de parcourir le soir à loisir les defauts ou excés qu'on y aura

commis, & apres en demander pardon à Dieu, & mettre ordre à la reparation qu'on en doit faire, & de faire des fermes resoulutions & attentions de les euiter à l'aduenir. Or est-il qu'vn examen en termes generaux ne suffit pas, comme de penser si on s'est laissé porter & corrompre par presens, par or & argent, ou par vne manifeste faueur ou vengeance, il faut descendre aux menuës intentions qu'on a heuës en jugeant. Car on y commet souuent certains pechez qu'on peut dire estre entre cuir & chair, qui ne s'apperçoiuent pas facilement par leurs autheurs, tant parce qu'ils leur sont passez en coustume que parce qu'ils sont subtils, quoy que bien gros, qui ne laissent pas que d'emporter la piece & obliger à restitution, & qui sont directement des iniustices quoy que commises indirectement & quasi imperceptiblement, pour obuier à quoy & pour les mieux reconnoistre, i'ay dressé des roolles des articles, ou chacun de la profession se pourra examiner & voir ses tâches comme dans vn miroir, & ay voulu suppleer aux Casuistes en ceste matiere, ayant mieux peu connoistre les secrettes tentations & manquemens, qui se presentent dans la distribution de Iustice, y ayant trente-neuf ans que ie suis Juge actuellement que les Casuistes qui se tiennent sur les maximes generales, & qui n'en parlent que par la theorie, sans en auoir cognû la pratique. Et partant ie te prie Lecteur de prendre en bonne part ces precautions & aduis que ie donne à ton ame & à la mienne en faisant cognoistre les plus secrets pechez de la profession pour les euiter.

Qu'on sçache pour vne bonne fois en examinant sa conscience que quand on a porté perte & dommage à quelqu'vn par dol, malice, ou coulpable negligence, ou par mensonge ou par vne lourde & inexcusable ignorance, ou à faute d'attention à sa charge, qu'on n'entrera iamais dans le Ciel qu'on n'en ait faite la reparation & restitution, ny ayant qu'vne impossibilité absoluë qui en puisse excuser. Et l'excuse ne vaut rien qu'on en laisseroit ses enfans pauures & necessiteux. Car il faut dedommager l'intereßé, quand les enfans deuroient en demander l'aumosne. Ny encor qu'on die qu'on se diffameroit, car Zachée n'a pas heu ceste apprehension, & il est plus loüé que blasmé dans l'Euangile. Outre que la restitution se peut faire discretement par tierces personnes. Il faut donc rendre, ou que l'intereßé en fasse vn pur don franchement & liberalement. Prenez garde à cecy dans les Examens suiuans :

EXAMEN DE CONSCIENCE DEUANT DIEU, DES JUGES ET MAGISTRATS.

> Probet autem seipsum homo, & si nos dijudicaremus non vtique dijudicaremur.
> *S. Paul, 1. ad Corinth. cap. 11.*

1. SI on est entré en Office de Magistrat sans en auoir la capacité, telle du moins que moralement elle se doit auoir pour pouuoir disposer en jugement, de l'honneur, de la vie & des biens d'autruy.

2. Si dans l'exercice de la Charge on a dessein de se rembourser par voyes illicites de la finance qu'on aura donnée, ou pour se venger de quelque ennemy, ou pour meriter la faueur de quelque puissant, & si on n'a point biaizé le droict aux occasions par tels motifs.

3. Si en jugeant on a pris peine de bien entendre le faict & le droict qui concerne la decision du procés.

4. Si on a jugé en doutant, ou du fait ou du droict.

5. Si de peur de monstrer qu'on n'a pas esté attentif à la lecture des pieces du procés, ou pour ne sçauoir ou ne pouuoir bien fonder son opinion, ny pouuoir respondre aux raisons contraires, ou pour ne vouloir prendre la peine de se bien esclaircir en faict ou en droict, on s'est rapporté à l'opinion de quelque preopinant, sans auoir bien ruminé, ny digeré la sienne propre.

6. Si pour l'auersion qu'on aura heu à vne partie, ou à son Aduocat,

ou à vn des Juges qui aura opiné pour elle ou n'a porté son opiniõ au party contraire.

7. Si pour faire voir la beauté de son esprit dans vn Corps de Iustice, il n'a suiuy en jugeant son propre sentiment, sans se conformer à la commune opinion des Docteurs communément receuë, & sans vouloir demeurer dans vn train ordinaire d'vn bon raisonnement de Iustice.

8. Si on a interloqué pouuant juger definitiuement à dessein de tirer encor du proffit vne autre fois de la mesme cause, ou afin que celle des parties qu'on affectionne le plus ait loisir d'accorder, ou pour inciter l'autre partie par l'ennuy des longueurs du procés de traiter & accorder.

9. Si on a interloqué pour se defaire plus promptement du jugement du procés, & pour se leuer la peine de l'examiner au fonds plus particulierement.

10. Si on a interloqué exprés de peur de desaggreer à quelqu'vne des parties en jugeant diffinitiuement.

11. Si on a dit à l'vne des parties qu'il y auoit du doute en sa cause, encor que manifestement elle eust bon droit ; & c'est afin de l'intimider & inciter de traiter à l'amiable auec sa partie.

12. Si pour amuser vne partie on luy a point donné de legeres difficultez auant que de juger le procés, & que le jugement ait esté rendu sur des autres qu'on ne luy auoit point fait entendre.

13. Si on n'a pas presté facile & patiente audience à ceux qui venoient informer & instruire pour leurs procés à la forme du serment qu'on en a.

14. Si ayant vne puissante voix dans vn Corps de Iustice on a arrhé des adherans pour faire vn party à part, & faire tourner la chance du jugement à sa volonté.

15. Si en ce cas-là on n'a point fait presentir son opinion par anticipation, à dessein d'arrher les opinions de ses partisans, pour attirer la pluralité des voix à la sienne, & faire ainsi sortir le jugement selon l'inclination qu'il aura à l'vne des parties.

16. Si estant d'vn Corps de Iustice, voyant & connoissant vne meilleure opinion de quelqu'autre que la sienne, ayant oüy opiner les autres on ne s'est pas reduit à telle opinion, se départant de la sienne ; & si c'est par superbe, ou par affectiõ, ou par corruption.

17. Si ayant des bonnes repliques aux raifons auancées par des autres, il ne les a voulu faire entendre, de peur de leur defaggreer ou contefter, ou de faire contre la partie qu'il affectionne.

18. Si en faifant le rapport du procés il a obmis à fon efcient quelque fait, ou quelque raifon de droit auancée au procez, ou qu'il fçauoit bien fe pouuoir tirer des actes, ou qu'il ait teu & celé quelques pieces produittes au procés, fans auoir fait le tout entendre ingenuëment, candidement & de bonne foy.

19. Si eftant Rapporteur on a fait le rapport fans eftre bien preft. Et s'il a fait juger le procez, fans faire entendre aux Procureurs des parties que le fac eftoit ouuert, & c'eft pour faire quelque furprife pour le jugement ou pour fe leuer l'importunité des parties, qui le voudroient venir informer & inftruire.

20. Si on a heu foing de lire tout au long les aduis en droict des parties, encor que de deuant on euft formé fon opinion.

21. Si de peur de prendre la peine, ou à deffein de tenir encor les parties en procez on n'a pas efclaircy le diction du jugement ainfi qu'on pouuoit, & qu'on deuoit faire en Iuftice; & qu'à caufe de cela il ait fallu auoir vn autre jugement à grands frais pour expliquer le precedent.

22. Si pour n'auoir affés bien eftudié en droict, ou pour euiter la peine d'eftudier le poinct decifif on a mieux aymé former fon opinion foudainement felon quelque equité qui femblera naturelle, mais qui fera chimerique & contre les loix & equités efcrites. Sur tout fi le Juge eft fubalterne, qui a moins de pouuoir de fe difpenfer de la rigueur de la Loy & du Droict efcrit.

23. Si en voyant ou efcoutant lire les procedures du procés, & le fait, il s'eft point diuerty volontairement & diftrait les autres Juges en leur parlant & deftournant fans vrgente neceffité.

24. S'il a bien teu le fecret des voix & opinions des autres Juges, & fi directement ou indirectement il a point fait cognoiftre l'opinion d'vn particulier, d'autant que cela peut leuer la liberté d'opiner & de iuger, & cela eft contre le ferment qui fe prefte tous les ans.

25. S'il a point jugé par amitié, faueur, vengeance, crainte de quelque homme puiffant, ou pour auoir part aux bonnes graces des Grands, ou pour faire plaifir à vn amy qui aura recommandé la caufe

d'vne des parties, ou bref par quelque passion & affection autre que du zele de Iustice.

26. Si estant Juge necessaire; & sans legitime cause ou empeschement il a esquiué & euité d'estre des Juges en vn procés de peur de déplaire à quelqu'vne des parties, ou à ceux qui luy appartiennent.

27. Si estant engagé dans la vision d'vn procés il a absenté sans vrgente necessité, & que par ce moyen le jugement ait esté differé, ou que le procés ait esté jugé autrement qu'il n'eust esté à faute d'auoir esté present, & fait entendre ses raisons, comme il eust fait s'il ne se fust absenté.

28. Si en ce cas icy d'vne libertine absence il n'a point causé quelque dommage à quelqu'vn, soit aux parties qui auront sejournés à grands frais, soit aux Greffiers, qui ont autant perdu d'emolumens à faute de plus grande expedition de Iustice.

29. Si quand le Juge a vacqué à des procedures hors de la ville, il a bien employé le temps vtilement, & s'il n'a point chargé les parties d'vne excessiue & superfluë despense & fait la taxe plus grosse que les Reiglemens ne permettoient.

30. Si le Juge a imposé des épices & sportules plus grosses que la vision & decision du procez ne pouuoit requerir, & s'il en a pris contre la forme ordonnée par les Reiglemens.

31. Si vn Juge ou Rapporteur a mal jugé diffinitiuement pour auoir les vacquations de l'execution du jugement, & condamné mal à propos aux despens, pour en auoir le proffit de la taxe.

32. Si vn Juge en disant par son jugement sans despens, sauf du present jugement, & de l'emolument, a plus regardé son interest particulier & celuy des Greffiers, que la pure raison du droict qui en pouuoit faire disposer autrement.

33. Si vn Juge s'est point laissé emporter aux premieres apparences du droict d'vne partie, sans examiner si elles estoient point fallacieuses & sans auoir pesé les responses & les objections faites par la partie aduerse.

34. Si en jugeant il a bien mis dans son ame l'indifference des parties, sans aucune preoccupation d'esprit, & sans receuoir aucune inclination particuliere qui l'ait peu emporter en faueur & proffit de quelque partie.

35. S'il a point jugé fauorablement en vn poinct, & en vne occasion,

pour l'affirmatiue, ou negatiue; parce qu'il auoit pour son particulier vn tel procez, & vne telle difficulté à decider & juger, ayant esté bien aise qu'vne telle decision peut seruir de prejugé en son propre procés. Et d'autant qu'en tel cas il est facile que l'interest propre preoccupe l'esprit, il est expedient de s'abstenir de soy-mesme du jugement semblable cas.

36. Si de mesme cela luy est point arriué à cause d'vn pareil procez qu'vn sien parent ou amy, ou ennemy auoit encor pendant & indecis.

37. Si on n'a point pris de presens defendus & prohibez par le Droict & par les Ordonnances & Reiglemens.

38. Si en suitte des presens de quelle petite valeur qu'ils soient on n'a point facilité son inclination à rendre vn jugement contre le droict, ou faict quelque tort à la partie de quelque façon que ce soit.

39. Si on a bien refusé des presents pendant procez, & auant la prononciation du Iugement, mais qu'on ait donné assentiment qu'on les prendroit bien apres le Iugement prononcé.

40. Si on a pris des presents deffendus d'vne personne qu'on sçauoit qu'elle n'auoit point lors de procez, mais qu'asseurément bien tost elle en auroit, vn ou plusieurs, & que l'apparence partant fust qu'ils se donnoient pour arrher sa faueur.

41. Si le Juge se souuenant des presents qu'il a receus d'vne partie ne s'est pas soucié de prendre peine de bien examiner les raisons de la partie aduerse, & s'il s'est point apperceu que telle consideration luy rendoit les raisons de cette partie la plus apparente, & si lors il ne s'est mis dans l'indifference de peur de faire imperceptiblement vne injustice.

42. Le mesme se doit entendre pour regard de toutes les passions de l'ame, pour les prieres de parents ou amis, & pour le propre interest.

43. Si on n'a point jugé en faueur de quelque autre Juge, esperant d'auoir aussi la pareille de luy, lors qu'il aura vn procez par deuant luy, ou pour ses parents ou amis.

44. Si on a jugé sçachant bien que de droict on estoit veritablement recusable, mesmes si les parties ne sçauoient pas telles causes de recusation.

45. Si on a differé de respondre aux causes de recusation à dessein

de faire dépit à la partie qui a recusé, & pour retarder son jugement, & si on a nié des causes de recusation qu'on sçauoit bien estre veritables.

46. Si les causes de recusation proposées n'ayants esté suffisantes pour faire recuser le Juge, il n'a point jugé pour cela par quelque animosité contre la partie qui l'auoit recusé.

47. Si le Juge qui en office est necessaire s'est point abstenu de luy mesme sans aucune raison, ou pour ne vouloir prendre la peine, ou pour ne vouloir deplaire.

48. Si estant recusé il n'a faict du pis qu'il a peu enuers les autres Juges du mesme Corps pour faire sortir jugement contre celuy qui l'auoit recusé, & si par passion il n'a escrit en droict contre celuy qui l'auoit recusé.

49. Si sçachant que quelque chose le feroit recuser au procez de son amy, il n'a desguisé l'apparence de ceste chose-là, pour n'estre recusé, en la couurant de quelque pretexte ou de faux semblant.

50. Si le Juge pendant procez n'a point demandé ou accepté de l'vne des parties quelque benefice d'Eglise ou autre bien-fait pour luy ou pour ses parens ou amis, lequel aura tenu place d'vn present prohibé, & lequel la partie ne luy aura oser refuser, debuant estre son Juge au procez pendant par deuant luy.

51. Si on s'est point dispensé de la condamnation des despens de l'Instance mal à propos, comme estimant que cela fust arbitraire, ayant trop deferé à sa particuliere inclination.

52. Si on a trop deferé à son propre esprit & jugement, sans vouloir examiner plus exactement l'affaire, ny les raisons & opinions des autres Juges du mesme Corps, ny consulter les liures pour ce regard.

53. Si le Juge a creu & deferé en quelque façon à ce que la partie luy a dit en fait, qui se treuue hors des actes du procez, & s'il a fait quelque fondement outre ce qui a esté allegué, verifié, produit & communiqué au procés.

54. S'il a point jugé par compassion, ou par quelque autre motif qui n'ait esté tiré des actes ou du droict.

55. Si le Rapporteur ne s'est tenu prest si tost qu'il a peu, ou n'a fait porter les sacs quand il a deu, pour faire plaisir à quelque partie.

56. Si le Rapporteur ou Juge n'a point communiqué à la partie quelque piece qui luy auoit esté remise comme secrette.

57. Si vn Juge d'vn Corps de Iustice n'a point aduerty quelque partie que si elle ne treuuoit moyen de diuertir le jugement prest à sortir, qu'il alloit bien-tost sortir contre elle.

58. Si vn Juge n'a point ordonné de faire enqueste en vn procès ou elle n'estoit pas necessaire, pour auoir du gain en la confection d'icelle.

59. Si on a jugè par precipitation, sans auoir donnè les termes ordinaires, ou si on a donnè des delais superflus, ou trop longs.

60. Si par indulgence ou complaisance on a pardonné l'amende à l'Aduocat ou Procureur, ou à la partie pour les faits ou negatiues auancées au procès, ou en Audience calomnieusement.

61. Si les pieces du procez estans remises pour juger on a esté paresseux & tardif à juger, mesme en estant requis & supplié, les parties attendant leur jugement en grande despence & incommodité.

62. Si on a obséruè exactement ce qu'on a juré d'obseruer & faire en sa charge.

63. Si on a pris soing que les Officiers de Iustice qui despendent de la charge qu'on a, ayent bien rendu leurs deuoirs, & si on n'a point toleré qu'ils ayent communiqué aux parties les pieces secretes, ou qu'ils ayent exigé des parties plus que le taux & Reiglement n'ordonne.

64. Si quand vn Juge a fait vne enqueste ou information il a bien dicté & fait escrire sincerement & veritablement les depositions des tesmoins, sans les exaggerer ny attenuer. Et s'il a demandé les causes de science aux tesmoins qu'il a oüis.

65. Si en criminauté il a interrogé le criminel sur quelque chef duquel il n'y auoit ny preuue ny deposition, ny indice capable & suffisant pour cela.

66. Si le Juge inferieur de peur qu'vne appellation ne le desaisist de la matiere & qu'ainsi il ne fust priué du proffit de son trauail passé, & pour estre mieux payé de ses frais & vacquations n'auroit ordonné qu'il feroit plus amplement informè, & cependant le criminel eslargy par tout en payant les frais de Iustice, encor qu'il se peut juger diffinitiuement, ou bien si pour mesmes fins, & de peur que l'accusè n'appella, il l'auroit condamnè à moindre peine & à des plus petites

amendes que le cas ne requeroit, ou pour quelqu'autre indeuë consideration.

67. Si en opinant pour eſtre fauorable au criminel on a voulu extenuer le faict & le rendre leger, & ſi on n'a pas ſuiuy la peine ordinaire du delict ſelon ſes circonſtances & qualitez cõme de meſme, ſi on la trop exaggeré pour en dõner vne trop griefue peine.

68. Si on a faict donner la torture & queſtion ſans qu'il y euſt ſuffiſamment des preuues ou indices, & le cas le merita.

69. Si on a faict donner la torture ou plus forte, ou plus foible qu'il n'eſtoit conuenable.

70. Si le Juge ou Rapporteur du prucez a differé & retardé de faire ſa charge ſignifiant & donnant à entendre qu'il le falloit viſiter par preſent.

71. Si par pretexte de ſon Office il a point faict de concuſſion & d'extorſion.

72. Si à l'occaſion de ſon Office il s'eſt point faict craindre & redouter, ou qu'il ait intimidé autruy pour la contrainte de faire quelque choſe à ſon profit, où à celuy de ſes parents ou amis, & s'il a point abuſé de ſon authorité.

73. Si dans les fonctions de ſa charge il a reueré, & redouté les excommunications & cenſures Eccleſiaſtiques comme il deuoit.

74. S'il a eu zele de Iuſtice pour le reſpect & veneration du culte de Dieu, & des choſes ſainctes.

75. S'il a point vſurpé ſur la Iuriſdiction Eccleſiaſtique, contre l'intention de la ſaincte Egliſe & des Canons receus & obſeruez & ſelon l'intention & declaration du Pape, & ſans ſa permiſſion ou du moins tolerance certaine & libre.

76. S'il n'a point paſſé de cognoiſtre au Petitoire pour regard des Benefices.

77. S'il n'a point cognu des delicts des Preſtres & Clercs contre l'intention de la ſaincte Egliſe.

78. S'il a cognu de la correction des mœurs des Eccleſiaſtiques leuant & vſurpant aux Eueſques & Superieurs la Iuriſdiction qui leur appartient.

79. Si on n'a point cognu en action perſonelle entre Eccleſiaſtiques, ou pour regard de quelque Eccleſiaſtique deffendeur en vn procez.

80. Si nonobſtant qu'on vſe du mot d'exhorter, on n'a rien enioinct de perſonel indeuëment à l'Eccleſiaſtique.

81. Si on n'a point abuſé de cette clauſe ſous peine de reduction de ſon temporel, & comme on l'a entenduë & eſtenduë.

82. Si on n'a point exhorté l'Eueſque ou ſon Vicaire, de leuer vne excommunication qui auroit laxée; & mis la main ſur le glaiue ſpirituel de ſainct Pierre.

83. Si on n'a point donné de commiſſion ou delegation en choſe ou office qui concerne la ſpiritualité, ne pouuant auoir que l'authorité temporelle.

84. Si quelqu'vn s'eſtant recuſé ſans ſuject d'vn Iugement d'vn procez il a eſté cauſe que des autres Iuges à ſon occaſion ayent eſtés recuſez, & que par ce moyen tel ait perdu ſon procez qui ayant tels autres Iuges l'euſt gaigné. Car en ce cas celuy qui en eſt cauſe mal à propos & indeuëment, eſt obligé à reſtitution du dommage & intereſt, & perte du procez arriuée à ſa coulpe, & en conſequence de ce qu'il s'eſtoit recuſé de luy meſme legeremēt & ſās cauſe.

85. Si on n'a point jugé d'appellation d'abus comme s'il y auoit abus, encor qu'il n'y euſt point de matiere d'abus, & qu'ainſi on ait pris cognoiſſance indeuëment de proceder contre vne ſentence Eccleſiaſtique.

86. Si quand on a dit par Arreſt qu'il n'y auoit point d'abus on a voulu eſpargner l'amende enjoincte par le Reiglement; parce qu'il n'eſt pas permis de la ſupprimer, eſtant telle appellation odieuſe & extraordinaire, & de peur que par telle impunité on ne ſoit inuité d'interiecter telle appellation mal à propos; voire meſme en tel cas on doit touſiours condamner l'appellant aux deſpens de l'inſtance d'appel pour les raiſons ſuſdites.

EXAMEN DE CONSCIENCE PARTICULIER OUTRE LE PRECEDENT, POUR CEUX QUI PRESIDENT AUX CORPS DE IUSTICE.

1. SI celuy qui preſide à vn Corps de Iuſtice à compté & recueilly fidelement les voix pour dreſſer le Iugement ſelon la pluralité.

2. Si voyant qu'il y auoit des Juges qui n'eſtoient pas attentifs

dans la vision des pieces, il ne les a pas aduertis de prendre garde à la lecture.

3. S'il a demandé les voix auant que le procez ait esté entierement veu & esclaircy par la lecture, & en Audience auant que de faire les interrogats qui sont necessaires pour la decision du procez, ou sans faire lire les pieces controuersées qui sont essentielles, en cas que la lecture fust necessaire pour l'esclaircissement.

4. Si en l'Audience il a bien pris garde si selon la pluralité des voix l'affaire se pouuoit juger en Audience ou non, & si le nombre competent & determiné y est bien interuenu.

5. Si pour acquerir reputation de vuider en Audience promptement, il a prononcé soudainement vn jugement sans estre bien informé du faict ou du droict, & s'il a donné suffisamment temps aux Aduocats de se faire entendre.

6. S'il a bien faict entendre en Audience quand il est allé vers les Juges assis de diuers costez, les raisons qu'on disoit de l'vn, pour le demandeur & pour le deffendeur, affin que les autres Juges y peussent faire reflexion.

7. S'il a rapporté fidellement les opinions & leur pluralité d'vn costé & d'autre.

8. S'il a baillé etiquete d'Audience plus tost à vn qui luy aura faict quelque present ou auquel il aura affection qu'à vn pauure, ou à quelque autre qui seiournera expres en ville, ou qu'il merita par quelque juste consideration d'estre preferé & priuilegié; veu que le temps est vne partie de la distribution de Iustice.

9. Si pour faire appeller plusieurs causes qu'il auoit promis de faire appeller mesme en gratitude des presens receus; il a precipité ou faict precipiter les Iugements des procez & des causes qui se plaidoient sans auoir pris le temps suffisant de les bien examiner, afin qu'il resta tant plus d'heure & de temps pour faire appeller les autres causes.

10. Si de peur de partager les voix des opinants il a donné la sienne contre son sentiment en faueur de l'opinion qui emportoit iusques à luy.

11. Si à dessein en faisant les Chambres il n'a point mis en la vision d'vn procés des Juges qu'il sçauoit d'estre fauorables ou contraires à la partie qu'il affectionoit ou haïssoit.

12. Si de peur d'estre importuné par les parties qui le voudroient

instruire plus amplement de leurs droicts, il a commandé de faire sortir promptement l'Arrest sans auoir ouy amplement les parties sur des notables difficultés qui se presentoient.

13. S'il a faict retarder la prononciation d'vn Iugemēt prest à sortir pour pouuoir fauoriser quelqu'vn.

14. S'il a bien leu & parcouru les jnuentaires des pieces, & s'il a faict lire toutes les pieces y mentionnées seruant à la decision de la cause.

15. S'il n'a point donné de Rapporteur suspect par raison, pour gratifier vne partie.

16. S'il n'a point laissé perdre le temps de la seance notablement en propos & discours inutiles.

17. Si aux entrées des consignations principalement il a tenu main que tout le temps determiné fust employé expressement pour le procés pour lequel on a consigné.

18. S'il a differé de donner l'etiquete en Audience, ou le Iugement afin d'inuiter de dōner des presents.

19. S'il s'est absenté expres des causes chatoüilleuses pour l'interest des amis, & des Grands & Puissāts, & de ceux ausquels il n'eust pas voulu deplaire.

20. S'il n'a repris les opinants lors qu'ils ont erré en faict, sçachant bien la verité au contraire.

21. S'il n'a eu l'œil à tout ce qui depend de sa conduite & direction.

22. S'il a point voulu former le party dans son Corps pour auoir des Juges adherants à son opinion & volonté.

23. S'il a esté timide & craintif à se monstrer dignement le Chef de telle Compagnie quand le zele & deuoir de la Iustice, & de la dignité requeroit qu'il se tesmoigna constant & hardy.

24. S'il n'a point faict au Corps de Iustice ou il preside les propositions que son deuoir l'oblige de faire, sur tout s'il a esté retenu de les faire, parce qu'il sçauoit que telles propositions pourroient nuire, ou à luy, ou aux siens, ou à ses amis.

25. S'il a presté facilement & benignement accés & audience à ceux qui auoient à parler à luy à l'occasion de sa charge.

26. S'il a bien obserué tout ce qui a esté dit cy deuant pour regard des Juges & Magistrats.

27. Si en matiere importante & extraordinaire sur le rapport des requestes, il a faict le decret de luy-mesme, sans que les autres Juges ayent pris garde à ce dont il s'agissoit, mesme s'il l'a voulu faire comme par surprise pour fauoriser quelqu'vn.

28. S'il n'a fait reueiller les Juges qui dormoient pendant la vision des procez.

29. S'il a point abusé de son authorité & dignité par des violences ou quelque proceder extraordinaire.

30. Si vn Iugement ayant esté legitimement resoulu contre son intention il n'a point trouué d'artifice pour reopiner de nouueau & faire venir le jugement à sa volonté & desir.

31. Si pour gratifier quelqu'vn en procez ciuil il n'a point diuerty les seances qui sont destinées aux procez criminels, faisant ainsi souffrir les prisonniers qui auroient peu estre cependant eslargis.

32. Si voyant que les Juges n'estoient pas portez à son opinion il a diuerty & differé le jugement attendant qu'vne autre fois il peut auoir des Juges qui secondassent mieux ses intentions.

EXAMEN DE CONSCIENCE POUR LES ADUOCATS ET PROCUREURS GENERAUX, GENS DU ROY, FISCAUX, ET PROCUREURS D'OFFICE DES IURISDICTIONS SUBALTERNES.

1. S'ILS sont entrez en charge auec ferme resolution de n'espargner personne de quelle condition elle puisse estre, pour regard de ce qui concerne le deuoir de leurs charges.

2. Si par timidité, par affection, ou par autre consideration mondaine & temporelle, ils ont rien omis de ce qui concernoit leur deuoir.

3. S'ils se sont point seruy de l'occasion & pouuoir de leur charge pour se venger d'autruy, & le vexer induëment.

4. S'ils ont eu soing que tous les Ministres de Iustice s'acquitent de leurs deuoirs en leurs charges.

5. S'ils ont pris garde que les taux establis pour les procedures de Iustice fussent bien obseruez, & s'ils n'ont faict chastier les contreuenants.

6. S'ils n'ont tafché d'auoir des memoires pour faire chaftier ceux qui ont commis des crimes publics qui leur font venus à notice.

7. S'ils n'ont eu foing de temps en temps de s'informer des delicts publics, ou ils font intereffez pour le deuoir de leur charge.

8. S'ils ont eftés negligents de foutnir de conclufions fur les requeftes qui leur ont efté monftrées, & aux procés foit ciuils ou criminels, aufquels ils auoient intereft, & fi leur retardation a porté preiudice à quelqu'vn.

9. S'ils ont conclud interlocutoirement deuant conclurre diffinitiuement, le procez y eftant difpofé, & c'eft pour fauorifer ou trauailler quelqu'vn, ou pour en tirer quelque proffit.

10. S'ils ont point reuelé ou communiqué aux parties des pieces fecretes.

11. S'ils ont point reuelé le fecret des Juges aux parties.

12. S'ils ont tenu main que les abus fuffent fupprimez, aufquels ils ont peu & deu remedier, pour le deuoir de leur charge.

13. S'ils ont point introduit indeuëment des appellations comme d'abus, ou notoirement il n'y auoit point matiere d'abus.

14. Si pour faire indeuëment des zelez à leurs charges, ils n'ont voulu faire vfurper fur la Iurifdiction d'autruy, mefme fur l'Ecclefiaftique.

15. S'ils ont tiré en criminauté des Preftres & Clercs par deuant le Juge feculier & Laic, encor que les crimes ne fuffent pas des exceptés & priuilegiez.

16. S'ils ont point cõniué & diffimulé à maintenir les droicts & authoritez du Prince, & du Maiftre.

17. S'ils ont faict faire diligemment les procedures criminelles jufques à jugement difinitif, & s'ils ont faict exequuter les prouifions & lettres iudicielles aux cas qu'ils font obligez de pourfuiure en leur charge.

18. S'ils ont eu foing de faire conferuer & maintenir les Hofpitaux & les Edifices publics, & particulierement appartenants à l'Eglife.

19. S'ils ont tenu main & requis que les feances du Senat deftinées pour les procez criminels y fuffent appliquées.

20. S'ils ont tenu main que les jugements de mort rendus en contumace fuffent exequutés en effigie.

21. Si pour retarder le jugement ou pour fauorifer quelqu'vn ils ont point demandé la communication des pieces.

EXAMEN DE CONSCIENCE POUR LES ADUOCATS.

1. S'ILS font la profeffion d'Aduocat fans en auoir la capacité, du moins commune & morale.

2. S'ils entreprenent & fouftiennent vne mauuaife caufe fçachant bien quelle eft telle.

3. S'ils auacent rien contre la verité des actes & faits refultants du procez.

4. S'ils ont point confeillé à leurs parties de fouftenir fur tout auec ferment des faicts quelles fçauoient bien n'eftre pas veritables, & c'eft pour gaigner la caufe, ou pour en faire differer & retarder le jugement.

5. S'ils ont auffi point fouftenu de mefme des faicts d'eux mefmes, & fans le fceu de leurs parties.

6. S'ils ont point furpris ou voulu furprendre en quelque façon les Juges.

7. Si par leur negligence leurs parties ont efté forclofes de refpondre à des plaidoyés, ou de faire quelque autre chofe; ce qui auroit porté preiudice au principal, ou donné caufe à la refufion des defpens.

8. S'ils ont point confulté pour les deux parties en mefme faict.

9. S'ils ont bien obferué leur ferment à plaider gratuitement pour ceux qui font notoirement & extremement pauures.

10. S'ils fe font faict payer exceffiuement leur honoraire, & outre ce qu'ils en pourront auoir merité.

11. S'ils ont obferué leur ferment à porter l'honneur qu'ils doiuent aux Magiftrats, & s'ils ont point murmuré, & proferé des mefdifances contre eux.

12. S'ils ont eftés bien ayfes de ratrociner contre quelqu'vn par animofité, & efprit de hayne, & de vengeance.

13. S'ils ont point fait durer le procez par des allegations inutiles,

ou par des ſubterfuges & chicanes, pour en tirer tãt plus de lucre & profit, ou pour l'inimitié & enuie qu'ils portoient à la partie aduerſe, ou pour faire que leurs parties demeuraſſent quoy qu'à tort en la poſſeſſion des biens contentieux, ou pour contraindre la partie aduerſe, de venir à quelque traité, & accord.

14. S'ils ont fait des requeſtes & longues eſcritures ſans neceſſité, pour gaigner tant plus.

15. S'ils ont point ſans raiſon faict des excuſes de venir plaider en Audience, ſur tout s'ils ont eſtés cauſes que les parties ayent deſpencé de plus pour cela.

16. Si quand il s'eſt agi d'vn procez de droict ils ont eſtudiè ſuffiſamment pour s'en bien reſoudre.

17. Si en plaidant ils ont poinct dict de mal de quelqu'vn ſans que cela fuſt neceſſaire ny vtile à la deciſion de la cauſe.

18. S'il n'a point conſeillé de faire dol ou ſurpriſe contre la partie aduerſe.

19. S'ils ont point reuelé les ſecrets de la cauſe d'vne partie à l'autre auec vn Indeu & notable preiudice.

20. Si en plaidant en Audience voyant que l'Aduocat contraire diſoit quelque bonne raiſon deciſiue contre ſa partie, ils auroit taſché de l'interrompre & criailler à deſſein que les Juges ne s'apperceuſſent pas de telle raiſon, ou bien d'embaraſſer la cauſe afin qu'elle ne ſe peuſt vuider, encor quelle fuſt vuidable en verité au profit de l'autre partie.

21. S'ils ont point leu fauſſement les actes aux Juges en adiouſtant ou taiſant des parolles eſſentielles.

EXAMEN DE CONSCIENCE POUR LES PROCUREURS.

1. S'ILS ont vne capacité du moins commune & morale pour tel Office.

2. S'ils font point ſouſtenir à leurs parties des faicts ſur tout auec ſerment quelles ſçauent n'eſtre pas veritables, & c'eſt pour gaigner le procez ou pour retarder le jugement.

3. S'ils obferuent bien le Styl & reiglemēt general.

4. S'ils prenēt point de delais fuperflus en la caufe.

5. S'ils interieɛtent point des appellations pour fuir, ou pour trauailler la partie aduerfe, & s'ils diffentiffent point aux aduis raifonnables à mefmes fins.

6. S'ils prolongent le procez en quelque façon à deffein de faire defpenfer à la partie aduerfe, ou la contraindre d'accorder, & de relafcher par tel moyen de ce qui luy appartient deuëment, ou bien pour tirer du profit du procez plus long temps.

7. S'ils ne fe treuuent aux heures ordinaires du Parquet ou de l'Audience ou de quelque affignation, & que cela ait porté quelque preiudice à leurs parties, ou de defauts, ou defcriture, ou de feiour, ou de quelque forclufion ou autrement en quelque façon que ce foit, ou bien à la partie aduerfe mefme, car ils en eftoient refponfables.

8. Si par fa negligence ils ont laiffé courir quelque forclufion au preiudice de leurs parties qui porte coup au principal de la caufe & refufion de defpens.

9. S'ils ont voulu faire aux procez des efcritures d'eux mefmes, qui excedoient affeurement leur capacité.

10. S'ils ont point faiɛt fournir d'argent à leurs parties pour les Aduocats & Greffiers plus qu'il n'eftoit requis, & raifonnable.

11. S'ils ont tenu compte fidelle aux parties de l'argent quelles leur auront enuoyé pour les frais du procez.

12. S'ils ont point auancé au procez quelques faiɛts qu'ils fçauoient n'eftre pas veritables, ou fans en auoir demandé la verité à leurs parties.

13. S'ils n'ont point plaidé contre la verité des Aɛtes, & s'ils ont leu fidellement fans adioufter ny diminuer ny tronquer pour apprendre aux chofes effentielles.

14. S'ils ont eftés diligents d'aller en Confeil quand il a efté neceffaire, & s'ils ont porté à temps les facs aux Aduocats.

15. S'ils ont point reuelé quelque legitime fecret de la caufe au Procureur ou à l'Aduocat de partie aduerfe mefmes à deffein de preuariquer.

16. S'ils ont point donné caufe de quelque feiour fuperflu ou de quelque defpence fuperfluë à leurs parties, ou aux aduerfes.

17. Si felon leur ferment ils ont porté l'honneur qu'ils deuoient aux Juges & Magiftrats, & s'ils en ont point parlé indifcretement, ou auec mefdifance.

18. S'ils ont point retardé mal à propos de rendre les communications qu'on leur auoit faictes, & s'ils ont caufé la defpence de prefenter des requeftes à ces fins, & de faire autres defpens pour ce regard.

19. S'ils n'ont fi toft qu'ils ont peu diminué les parcelles des defpens à eux communiquées, & ainfi ont faict feiourner en ville plus long temps les parties aduerfes, au preiudice des leurs.

20. Si par leurs chicanes ils n'ont voulu efgarer ou proteler la matiere, ou pour gaigner plus, ou pour fe venger de la partie aduerfe, ou pour l'inciter de venir à quelque traité, ou afin que leurs parties peuffent tant plus iouïr des fruicts des biens defquels on plaide.

21. S'ils ont point allegué des propos iniurieux contre les parties aduerfes qui ne feruoient de rien à la decifion de la caufe.

22. S'ils fe font point faict communiquer & donner des pieces fecretes aux Greffiers criminels.

23. S'ils n'ont point incité les gens qui feruent dans le greffe & ordres de Iuftice de faire quelque furprife, habilité, ou fauffeté.

24. Si quand ils ont donné leurs plaidoiries aux Clercs & Scribes de Meffieurs les Commiffaires ils les ont données au vray comme il les auoient faites, & s'ils y ont adioufté ou diminué quelque chofe, dont la partie aduerfe peuft eftre furprife.

25. Si quand ils ont donné les Ordonnances des Sieurs Commiffaires fur leurs plaidoiries aux Clercs defdits Sieurs Commiffaires, ils y ont rien auffi adioufté, ou diminué & tronqué, ou alteré au preiudice de la partie aduerfe, ne deuant en point de façon les Procureurs donner telles Ordonnances; ains c'eft la charge defdits Clercs de les receuoir & efcrire lors que les Sieurs Cõmiffaires leurs maiftres les prononcent, auffi bien que les plaidoiries que les Procureurs y font, tout ainfi que l'Audiencier du Senat les reçoit en Audience auec l'Arreft.

EXAMEN DE CONSCIENCE POUR LES GREFFIERS ET ACTUAIRES DES CAUSES.

1. S'ILS font la refidence qu'ils doiuent aux heures ordinaires dans les Greffes.

2. S'ils obferuent bien le Reiglement tant pour les emoluments qu'ils prenent que pour les efcritures qu'ils font, & en papier qu'ils doiuent, & a y mettre autant de lignes à tant de mots, ou du moins fans y commettre abus.

3. S'ils mettent point de comparoiffances fur le dire des Procureurs fans voir les parties, ou bien autrement à faux en le fçachant.

4. S'ils font point de fauffes atteftations.

5. Si les Greffiers criminels communiquent point aux parties ou à ceux qui font pour elles, les pieces fecrettes, comme font les informations.

6. S'ils retardent mal à propos de porter ou enuoyer les pieces criminelles lors qu'il leur eft commandé par leurs Superieurs.

7. S'ils fe feruent fous eux des gens de bien, & fidelles defquels ils puiffent refpondre.

8. S'ils expedient bien fidellement les pieces aux parties, & s'ils les collationent deuëment auant que de les figner & expedier.

9. S'ils font point des Antidaftes, ou fauffes fignifications aux actes.

EXAMEN DE CONSCIENCE POUR LE PREUOST, SOIT CAPITAINE DE IUSTICE, LIEUTENANT, SOLDATS, SOIT ARCHERS DE IUSTICE, ET HUISSIERS, ET SERGENTS.

1. S'ILS ont exequuté fans fupport ny conniuence enuers perfonne les mandats de Iuftice qui leur ont eftés remis à ces fins, & s'ils y ont feruy & vaqué diligemment.

2. S'ils ont donné promptement aux parties les exploicts des exequutions par eux faictes.

3. S'ils ont point donné aduis auparauant à ceux contre lesquels ils doiuent executer.

4. S'ils ont eftés veritables en leurs exploicts.

5. S'ils ont point excedé le mandat & teneur des lettres qu'ils exequtoient, ou s'ils y ont omis quelque chose qui importe.

6. Si aux leuations & emprisonnemens ils ont point vsé de violence extraordinaire sans necessité.

7. Si pour leurs salaires ils ont point expedé le taux communement obserué en suite des Reglements.

8. S'ils ont point mis en leurs exploicts d'auoir vaqué plus pour vne chose, ou autrement qu'ils n'ont pas faict.

EXAMEN DE CONSCIENCE POUR LES NOTAIRES PUBLICS.

1. S'ILS ont pris des lettres de Notarial sans en auoir la capacité, du moins commune & morale, qui deuroit estre, d'entendre toutes les clauses qu'ils mettent aux actes qu'ils reçoiuent.

2. Si deuant que d'escrire ils ont bien conceuës les intentions des parties contrahantes, & si elles en sont bien demeurées d'accord deuant eux.

3. S'ils ont point receus & stipulez contracts faussement en l'absence des parties, ou par antidates, ou mis vne conuention pour vne autre, ou en omettant, & laissant en arriere ce qui a esté conuenu par les parties.

4. S'ils ont bien faict entendre aux contractants les clauses apposées aux actes comme obligation de personne & biens de chacun pour le tout sans diuision ny discussion. Et si aux testaments ils ont suiuy de mot à mot les parolles du testament mesmes pour les substitutions y contenuës, & s'ils les ont nommées & mis deux mesmes sans les entendre ou bien les faire entendre aux parties. C'est à cecy à quoy tous les Notaires doiuent bien prendre garde, car autrement ils disposent des biens d'autruy, & non pas à ceux à qui ils appartiennent.

5. S'ils ont point receu de testament d'vn homme qui n'estoit plus en bon sens pour pouuoir tester, & s'ils ont veu lors le testateur, & s'ils ont bien suiuy son intention & volonté.

6. S'ils ont point receu de teſtament auquel il n'ait faict interuenir ſept teſmoings maſles puberes, c'eſt à dire qui euſſent paſſées quatorze ans, ou cinq pour codicille, & pour donation pour cauſe de mort & deux pour le moins pour les contracts.

7. S'ils ont faict ſigner les teſmoings & les parties qui ſçauent eſcrire, & s'ils ont mis ſur leurs minutes qu'ils ne ſçauoient pas eſcrire, s'ils ne le ſçauoient pas.

8. S'ils ont point mis de teſmoings morts en ce temps-là, & par antidate,

9. S'ils ont demandé plus demolument qu'il n'en vient par le Reglement.

10. S'ils ont tenu leurs minutes & protocolles en bōne forme, afin de faire foy en jugemēt & dehors.

11. S'ils n'ont point expedié quelque acte obligatoire aux creanciers deux fois, ſauf qu'il fuſt eſté ordonné par Iuſtice partie intereſſée appellée, ou bien auſſi quelque autre acte qui n'euſt pas ſa cauſe perpetuelle, mais temporelle; ou qu'on peut rendre en ſigne de payement.

12. S'ils ont point expedié d'acte obligatoire au debiteur pour luy ſeruir de ſigne de payement.

13. S'ils ont point mis &c. aux lieux des clauſes eſſentielles d'vn acte.

14. Si dans les conuentions ils y ont point adiouſté ou oſté quelque choſe, dont les parties n'eſtoient pas demeurées d'accord nettement entre elles.

15. S'ils ont receus quelques actes ſans auoir cognu les parties, ou que les teſmoings aſſeuraſſe du moins de les cognoiſtre, & s'ils ont cognu tels teſmoings.

16. S'ils ont mis que le ſerment y ſoit interuenu ſans que les parties ayent juré.

17. S'ils ont refuſé ou differé mal à propos les expeditions qu'ils deuoient faire, moyennant ſalaire competent qu'on leur offroit.

18. S'ils n'ont point mis aux contrats que l'argent auoit eſté compté & retiré entierement, encor qu'ils ne l'ayent veu tout compter, ou qu'on l'ait depuis retiré en leur preſence.

EXAMEN DE CONSCIENCE DES COMMISSAIRES, D'EXTANTES, ET RECOGNOISSANCES.

1. S'ILS font bien capables & experimentez en telle charge.

2. S'ils ont point pris charge de renouuer dans vn tel temps, dans lequel ils auoient auſſi pris autres recognoiſſances à faire, ne pouuant y ſatisfaire à toutes deux, voulants touſiours toucher d'argent de pluſieurs coſtez, ſans auoir deſſein ny moyen de s'en pouuoir acquiter deuëment dans le temps promis & conuenu, & au preiudice de ceux auec leſquels ils ont contracté.

3. S'ils ont point faict entendre aux Païſans & idiots qu'il y auoit vne autre precedente Recognoiſſance pour ce qui les concerne encor qu'il ny en n'euſt point.

4. Si en faict de taillabilité perſonelle ils ont bien rapporté la Recognoiſſance qu'ils ont faict paſſer à vne autre anterieure, & s'ils y ont exprimé l'an & iour y contenu, & le Notaire ſoit Commiſſaire qui l'auoit receuë & ſignée.

5. S'ils ont faict fidellement les veuës de lieu, & s'ils ont point deſchargé vne piece pour en charger vne autre, & s'ils y ont point ſupporté perſonne.

6. S'ils ont bien faict juſtement les eſgances.

7. S'ils ont rien adiouſté ou diminué induëment à la Recognoiſſance anterieure.

8. S'ils ont point tranſporté vne piece qui eſt d'vn fied à vn autre.

9. S'ils ont bien mis fidelement & au juſte les confins des pieces recognuës, & s'ils ont eu eſgard aux vieux & aux nouueaux.

10. S'ils ont mis les quatre confins ou du moins deux, dés les Angles, & en eſcharpe comme on dit.

11. S'ils ont point deſchargé induëment ou chargé des pieces de quelque condition, ou de ſouffertes, encor qu'elles en fuſſent exemptes.

12. S'ils ont bien faict entendre aux recognoiſſans les identitez des pieces, & l'adiuſtement des vieux confins auec les nouueaux.

13. S'ils ont demeuré en la veuë de lieu, ou en la collation de la beſongne plus qu'il n'eſtoit neceſſaire, pour en tirer quelque profit.

14. S'ils ont faict ſigner les recognoiſſans qui ſçauent eſcrire, & les teſmoings qui ſçauent ſigner.

15. S'ils ont fatisfaict entierement à leur contract de commiſſion, & s'ils ont retardé par leur negligence de rendre la beſongne complette au preiudice des Seigneurs, qui leur auoit donné la cõmiſſion.

16. S'ils ont procedé fidellement à la collation de la beſongne, ſans y rien alterer ny changer.

17. S'ils ont point exigé de ſoufferte, de laods, & d'arrerage ſans qu'il en fuſt eſté conuenu en leur faueur.

EXAMEN DE CONSCIENCE POUR LES PLAIDANTS.

1. S'ILS ont point entrepris de procez par animoſitè, par vengeance, & pour trauailler, & vexer autruy, n'eſtant permis de plaider que pour la ſeule raiſon qu'on a en ſes pretentions croyant que Dieu a aggreable qu'on recherche ſes droicts, meſme quand on a des enfans, en faueur deſquels il eſt expedient de les eſclaircir, ſur tout apres qu'on a faict entendre aux parties aduerſes d'en faire vne conference amiable, & s'en remettre ou à des arbitres de droict rigoureux, ou à des amiables compoſiteurs, par voye d'expedient, & de bien de paix.

2. Si deuant que d'intenter vn procez on a bien faict conſulter ſa pretention, ou ſes deffenſes, & ſi on a bien faict entendre la verité du faict au Conſeil.

3. Si les faicts qu'on a ſouſtenu au procez, meſme auec ſerment, ont point eſtés faux & calomnieux.

4. Si quand on a auſſi nié les faicts ſouſtenus par la partie, on les a point nié contre verité, & calomnieuſement meſme auec ſerment.

5. Si on s'eſt point ſeruy de faux contracts, & autres faux actes.

6. Si on n'a point voulu corrompre les Juges par preſents, par offres de faueurs effectiues & reelles, ou bien en les intimidant.

7. Si en informant les Juges on leur a point dit de menſonge preiudiciable à la partie, ou exaggeré indeuëment la choſe.

8. Si en plaidant on n'a point faict gliſſer des paroles piquantes, & iniurieuſes contre la partie, ſans que cela peuſt porter coup à la deciſion de l'affaire.

9. Si en plaidant on n'a point conceu de hayne, & d'inimitié contre la partie.

10. Si on n'a point mis de fausses comparoissances en vn procez iurant d'estre venu exprés ou d'auoir vacqué & seiourné plus qu'on n'a pas faict.

11. Si on n'a point faict de suites parmy les procedures, particulierement pour trauailler & lasser la partie, la consumer en despence, & inciter d'en venir à vn accommodement, pour s'en preualoir indeuëment, comme par exemple, si on a capté des delays superflus s'y debuant comparoir deuant vn Commissaire, on s'est laissé prendre en defaut pouuant comparoir.

12. Si on a dissenty à vn juste aduis pour prolonger le procez, si on s'est laissé forclorre, sçachant bien qu'il ne cousteroit guere de prendre vn relief pour retarder d'autant la decision d'vn procez.

13. Si on a recusé induëment vn Juge pour retarder ou afin que le Senat ne se trouua plus en nombre pour pouuoir juger.

14. Si on a dressé quelque querelle exprés contre vn Juge ou contre ceux qui luy appartiennent, pour le pouuoir recuser encor qu'il ne fust recusable d'ailleurs, & qu'il fust Juge necessaire.

15. Si on a entreietté des requestes exprés pour esgarer la matiere ou l'obscurcir, ou faict faire quelque autre formalités à ces fins.

16. Si on a appellé ou faict quelque chicane exprés pour pouuoir gaigner le temps de recueillir les fruicts du bien qu'on plaide.

17. Si en execution de quelque Sentence ou Arrest on a suscité quelque tiers pour s'opposer indeuëment, ou tergiuersé de telle façon, que les Iugements demeurassent eludez & inutiles. Et il n'est excusables si ça esté par aduis de son Aduocat ou Procureur, s'il a cognu que tels moyens fussent iniustes & desraisonnables.

18. Si on n'a point prié quelque Juge de s'absenter afin que le Senat ne pouuant estre en nombre, il n'y eust si tost Iugement, qu'on veut retarder sans aucune raison importante, & legitime.

19. Si on n'a point faict à mesmes fins, que l'Aduocat qui deuoit plaider en Audience, donna legerement & indeuëment vne excuse.

20. Si en plaidant la cause, & le Iugement diffinitif estant prest à se rendre, on n'auroit faict auancer vn faict calomnieux, ou nier les veritables pour supplanter, & retarder le Iugement.

21. Si dans le procez on a vsé du consentement du plaidant de quelque surprise, tricherie, & chicane.

22. Si on a point faict antidater des actes des productions, pour euiter les forclusions.

23. Si on a voulu causer des despences superfluës à la partie, comme en faisant des voyages à dessein, desquels on se pouuoit passer, & qui estoient neantmoins aloüables aux comparoissances selon le Style, ou bien faire des longs actes ou plaidez en superfluité à intention que l'expedition cousta tant plus à la partie, pour la vexer.

24. Bref il faut qu'vn plaidant s'examine s'il a rien faict pour porter dommage à sa partie indeuëment auec ruse, finesse, surprise, dol, malice, vengeance, & à quelque mauuais dessein. Car en ce cas là, il est obligé de dedommager sa partie ; & n'entrera jamais dans le Ciel que cela ne soit faict, ayant dequoy le faire, pour pauures & incommodez qu'il en puisse laisser ses enfans, sinon que franchement & de pure liberalité les parties interessées luy en ayent faict don, & liberalité.

Tout ce que dessus a lieu aux Aduocats & Procureurs, qui auront cooperé à toutes les choses illicites susdictes.

HAEC SVMMA RERVM.

DEI VOLVNTATEM AGERE, ET PATI.
BONA BENE AGERE, ET MALA BENE PATI.

QVOD MALI A ME, QVOD AVTEM BONI,
A TE EST DOMINE DEVS MEVS.

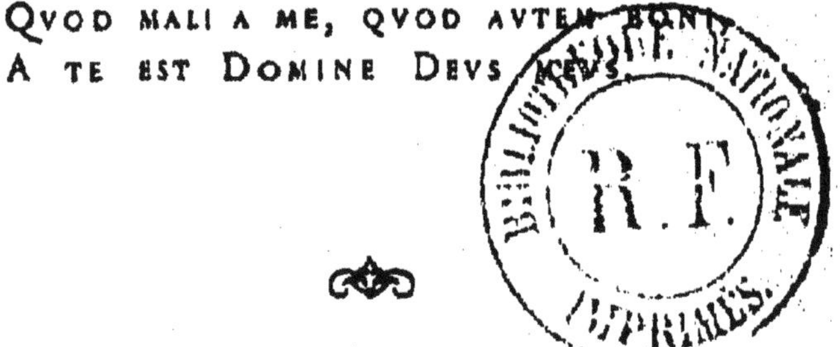

TABLE.

PREMIERE PARTIE.

SECONDE PARTIE.

TROISIESME PARTIE.

QVATRIESME PARTIE.

R. F.

APPROBATION.

CE Liure d'vn tres-noble, tres-docte, tres-pieux, & tres-experimenté Magiſtrat, porte en ſon Frontiſpice le vray titre de ce qu'il contient. Il n'y a que Bien. Le Public en auoit beſoin ; de Bien priué & particulier qu'il a touſiours eſté chez ſon Autheur, il deuient Bien Public & commun, pour luy donner la liberté de ſa nature qui tend à la communication. En ce qui regarde la Religion tout y eſt conforme à la Doctrine de l'Egliſe Catholique Apoſtolique & Romaine. Les Perſonnes qui n'ayment pas la Religion, ny par conſequent le bien priué non plus que le public, ne feront pas peut eſtre de noſtre aduis, mais il ne faut pas que les bons s'en eſtonnent : IESVS CHRIST diſoit qu'il eſtoit hay du monde, parce qu'il portoit teſmoignage que les œuures du monde ſont mauuaiſes. Il eſt à ſouhaitter que ce Liure ſoit vn Manuel pour tous les Princes, Gouuerneurs, & Officiers de Iuſtice, & qu'il s'en faſſe & debite des copies à milliõs. C'eſt noſtre ſentiment. Anneſſy le 18 de Iuin 1646.

CHARLES AVGVSTE EVESQVE DE GENEVE.

www.ingramcontent.com/pod-product-compliance
Ingram Content Group UK Ltd.
Pitfield, Milton Keynes, MK11 3LW, UK
UKHW020112200726
13856UKWH00002B/499